国語科授業サポートBOOKS

1回10分！

トークタイムできく力を育てる

ストラテジック・リスニング

友永達也 著

STRATEGIC
LISTENING

明治図書

まえがき
Preface

教師となり初めて子ども達の前に立った日から，私は「対話のあるクラス」を常に目指してきました。考えと考えが伝わり合う，心と心が通じ合う，そして子どもと子どもが高まり合う，そんなクラスをつくりたかったのです。教師が教室の前に立って延々と学習上で大切なポイントを講義したり，一部の「賢い」子どもだけが持っている知識をとうとうと語ったりする教室にも「声」はあります。ですがその「声」の届く先，きき手の表情やしぐさはどうなっているでしょうか。本当に自分の一部として友達の考えを取り込むかのようにきいているかいないかは，きき手の姿を見れば一目瞭然ですよね。これではその教室に本当の意味での「対話」はありません。私はそのような教室から脱却したいと思い，本当の「対話」が生まれる教室を求めてこれまで実践を重ねてきました。その追究の過程で，今私が取り組んでいるのが「ストラテジック・リスニング」です。ストラテジック・リスニングを指導するうえで教師として意識しておきたいことは，普段私たちがよく目や耳にする「聞くこと」を「聞く」「聴く」「訊く」とその機能に着目して使い分けることです。本書ではあえて「きく」と表記することで，これまでの一般的な「聞くこと」の指導と分けています。詳しくは理論編でご説明いたします。

ストラテジック・リスニングの指導を通して，私は子ども達に他者の話を「どうきくか」を教えています。本書ではその取り組みを中心にご紹介します。第1章では「理論編」として，「きくこと」の指導に関わる先行研究や私がストラテジック・リスニングを考案するに至った経緯をまとめています。「きくこと」の指導はその先生の感覚に左右されることが多いと思われます。また評価する手立ての開発もこれまで不十分でした。「話し手の方を見る」「うなずきながら聞く」「手遊びせずに聞く」など，態度面の指導に終始することも少なくはありません。そのような段階から少し次の段階に進んでみたいと思います。第2章では「指導編」としてストラテジック・リスニングの力を育む学習プログラム「トークタイム」の指導の流れや留意点をご紹介します。手順を明確にし，初めて取り組む先生でも実践していただきやすいようにと心がけています。第3章では「実践編」として子ども達が実際に「トークタイム」を行った事例の紹介や，これまで私が行ってきた子ども達への指導のポイントをまとめています。ストラテジック・リスニングは完成された理論ではもちろんなくて，今後たくさんの実践を通して知見を集積したり，現場の先生方と意見交換したりしながら，改善を加えていくべきものだと考えています。本書をお読みになった先生方，実践されてみた先生方とぜひ意見交換の場を持ちたいと思っています。読者の先生方からのご意見をお待ちしております。第4章では，「資料編」として「教室で明日からすぐに使えるように」を意識してワークシートやカードを掲載しています。まずは子ども達とやってみる，そしてストラテジック・リスニングで実現できる学びを，子ども達と実感されることをおすすめします。

近頃のニュースを見ていると，他者と対話的な関係を築くことがいかに難しいかを痛感させられます。相手に指摘されることを嫌って，どう相手を言いくるめようか，自分の不備をどう隠すか，そんなことに躍起になってしまうことは対話の本来の目的を失わせてしまいます。それにそのような人間同士のつながりに，どこか悲しい気持ちを感じてしまうのは私だけでしょうか。子ども達の前に立つ一人の大人として，子ども達には人と心を通わせる「対話」の楽しさをぜひ感じ取ってもらいたいと思います。また，「対話」を通して他者と何かを創り上げることができる人になってほしいと思います。そんな願いの実現に向けた取り組みの1つが，「ストラテジック・リスニング」です。私と同じ願いを持つ先生方がこの本を手に取っていただけること，そしてそんな先生方のご指導に少しでも本書がお役に立てるのであれば，私にとってこれ以上の喜びはありません。

2020年6月

友永達也

目　次
Contents

指導編

第2章 ストラテジック・リスニングの力をつける「トークタイム」 031

実践編

第3章 学習プログラム「トークタイム」の実践事例 063

資料編

第4章 すぐ使える！ワークシート集　119

第 1 章

理論編

「対話的な学び」を促すストラテジック・リスニング

1 「きくこと」を指導する意義

1 「きくこと」指導を意識したきっかけ

　教師の仕事の中で私が苦手にしているものがあります。それは職員会議です。特に自分が職員会議で先生方に行事等の提案をする場合が苦手なのです。具体的にどういう場面が苦手かと言いますと，自分が提案した議案に対してフロアの先生方からご質問やご意見をいただく時です。

「さっきの○○先生は何を聞きたかったんだろう。」

「△△先生の意見は私の提案に対して賛成なのか，反対なのかどっちの立場なんだろう。」

「◇◇先生への自分の返答はあれでよかったんだろうか。ちゃんと聞かれたことに対する返答になっているのかな。」

と，その場は必死に答えるのですが，自分の対応力のなさをいつも痛感します。研究授業を公開した時の事後検討会でも，そのような場面がありますよね。人と話し合う場面で，自分の「きく力」にがっかりした経験をお持ちの先生は案外多いのではないでしょうか。私はしょっちゅうそんな経験をしてきました（もちろん今もあります）。

　ある時，ふと気付きました。自分のように「きくこと」が苦手な先生がいる一方で，職員会議や事後検討会で人の意見をまとめながら正しく理解したり，的確にフロアからの質問に返答をしたり，さらには提案で不足している部分を質問しながら指摘できる先生がいるのです。そのような先生にあこがれを抱くと同時に，ある疑問が浮かびました。「先生は一体どこでそのきく力を身に付けたのだろう。」と。振り返ってみると私はそのような，話をまとめながら聞いたり，的確に返答したりすることを学んだ経験がなかったのです。自分が担任をする子ども達には，自分のように「きくこと」に悩む経験をしてほしくない，「きくこと」の指導に私が力を入れ始めたきっかけの１つでした。

2 はじめに「きく」ありき

教育者の芦田恵之助は，「聞き手は聞いて育ち，話し手は聞いてもらって育つ。」という言葉を残しています。その通りだと思います。話し方を子どもに教えることによって，よい話し手をどれだけ育てようとしても，その話し方を価値付けてくれるよい聞き手がいないと，せっかくの上手な話し方も無用の長物です。反対によい聞き手がクラスに多く育っていれば，「今の話し方わかりやすいね。」「さっきの話でここのところがよくわからなかったんだけど，教えてくれる？」など，話すことを価値付けたり，話し手の考えを引き出したりする姿が増えます。それに導かれるように話し手の技量は高まります。そしてその話し方がさらに聞き手によって価値付けられ高まっていく…。「きくこと」を出発点に指導を重ねると，このような相乗効果が望めるのです。

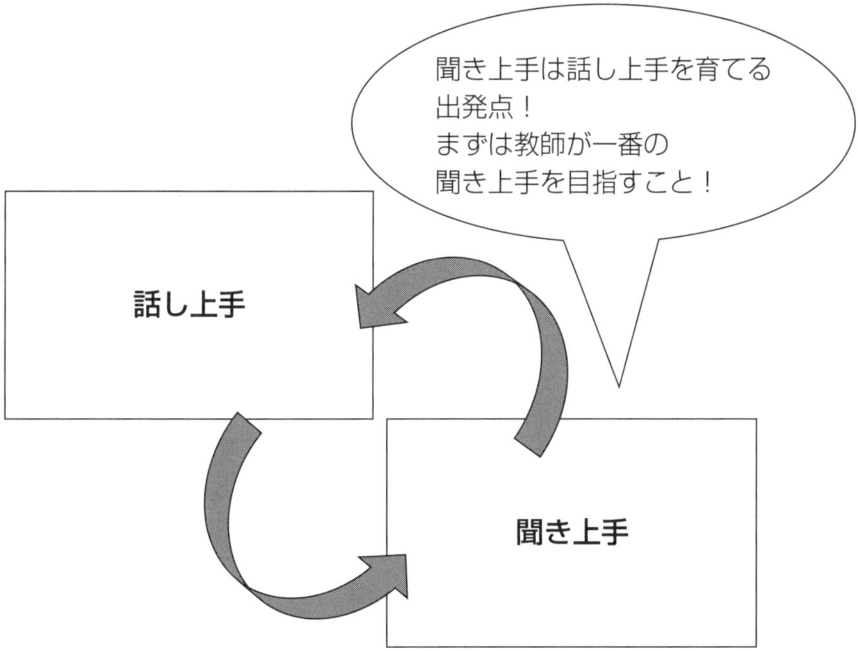

3 「きく」ということの「本当の」大切さ

きいてもらえる喜びは，話す意欲にもつながります。私はクラスの中で子どもが発表する時，年度当初よく発表している子どもの真後ろに立つようにしています。そして目線を話し手の子どもの高さに合わせ，話し手を見ている聞き手の目線を探すようにします。そして今まさに話そうとしている子どもにこう言います。「見てごらん。これだけの人があなたのお話を楽しみに待ってくれているよ。うれしいね。聞いてくれる友達のためにも頑張ってお話したいね。」と。「きく」ということは，今から話される「内容」だけでなく，今から話そうとしている「人」そのものを大切にすることと同じです。ここに学級経営にもつながる重要な視点があります。つまり，友達の話をしっかりと「きく」土壌がクラスで耕されていれば，それは自然と友達を大切にできるクラスになっているのです。私が「きく」指導を大切にする理由はここにもあります。素敵なクラスを子ども達と創り上げようと思うと，自ずと「きくこと」を考えていかなければならないのです。詩人の茨木のり子さんは，詩集『おんなのことば』の中に「聴く力」という作品を載せています。「きくこと」の大切さが語られている素敵な詩です。使われている言葉は少し難しいですが，高学年の子ども達とはこの詩を味わうようにしています。茨木さんは，この詩の中で私たち現代人は人の心の中にある湖のような部分の深浅に，立ち止まって耳を澄ますことがないと痛烈に警告しています。つまり他者の心の揺れ動きを，現代に生きる私たちは理解しようとしていないということです。それどころか相手を言いくるめようとしたり，言葉で圧倒しようとしたりすることに躍起になっていると…。最後には，相手を受け止める心がなければ言葉は言葉たり得ない，と締めくくっています。

初めてこの詩を読んだ時，私は今の自分に警鐘を鳴らされたような気がしました。「教室の子ども達が発する声の一つ一つを一体どれだけ大切にできているだろうか。」「今日の○○さんの話，もっと丁寧にきいてあげたらよかったなぁ。」と，今でも読み返すたびに自分のきく姿勢を反省させられます。

「本当にきく」ということはどうすることなのか，この詩は私たちに教えてくれます。実に茨木のり子さんは「きくこと」の大切さを言い表しています。子ども達にはぜひ（大人も含めて，いやこのご時世むしろ大人の方が），他者を大切に受け止める，そんな「きく力」を育んでいってほしいものです。

4 「きくこと」に関するこれまでの研究

本書のタイトルにもあります，ストラテジック・リスニングの説明に入る前に，ここではまずこれまでどのような「きくこと」に関わる実践や理論がまとめられてきたのか，いくつかの文献を紹介したいと思います。これまで偉大な先輩方が積み上げられてきた数々の実践や理論を参考に，ストラテジック・リスニングは生み出されました。「きくこと」の指導に情熱を傾けてこられた先輩方の実践や理論を，できるだけ丁寧に理解し整理することは，今後の「きくこと」指導の発展に欠かせません。

①昭和26年度版小学校学習指導要領国語科編（試案）

この学習指導要領の一番の特徴は，「聞くこと」の能力表が示されていることです。「聞くこと」の指導内容が明確に示されていることは画期的であり，「聞くこと」の能力は実に41も示されているのです。他にも「読むこと」や「書くこと」などの能力も示されています。「教えたいことを明確に持つ」ということが，若手教員の間でよく話題に上がります。算数や理科と違って，国語科は教えるべきことがはっきりしないともよく言われます。それが「国語科の指導は難しい」と言われる1つの要因ではないでしょうか。その点から考えても，昭和26年に「教えるべきこと」を明確に打ち出しているこの学習指導要領は，今なお新鮮と言えます。データベースで簡単に検索できますので，「国語って具体的に何を教えたらいいの？」とお悩みの方は一度ご覧になる価値はあると思います。ちなみに本著で主張している「ストラテジック・リスニング」で重要な「質問」や「聞き返す」などもこの能力表には位置付けられています。

②『対話能力を磨く－話し言葉の授業改革』
高橋俊三著（明治図書）1993 年

高橋俊三氏は「聞くこと」の中に存在する３つの意識を指摘しています。「対自意識」「対他意識」「対事意識」です。この３つの意識が学習者の自己の内面で燃えてくることが，「聞く」ことだとしています。本当に授業者が注意を払わないといけないのは学習者の外面ではなく，内面なのだということをこの本に教えられました。学習者が「きいて」いる時，３つのうち一体どの意識を働かせているのか，また授業者はどの意識を働かせるような指導をするのか，「きく」指導の奥深さを考えさせられた１冊です。

③『対話能力を育む話すこと・聞くことの学習－理論と実践』
村松賢一著（明治図書）2001 年

「コミュニケーション能力」という言葉をよく耳にします。私は教員採用試験の勉強をしている時，面接の想定問答で「教師に必要な力は何か」ということについて数名と考える機会がありました。私も含め何名かは「コミュニケーション能力」をあげていました。それほど現代社会では必須の力です。ただ，その内実は十分に規定されていません。一体「コミュニケーション能力」とはどのような力なのでしょう。村松賢一氏は，「対話能力」という言葉を用いて，その中身を具体的な３つの柱で整理しています。「情意的要素」「技能的要素」「認知的要素」です。私はこの中でも「技能的要素」に着目しました。村松氏は「技能的要素」をさらに「聞く技能」「応じる技能」「話す技能」「はこぶ技能」に分けています。「ストラテジック・リスニング」はこの「応じる技能」に着目したきき方です。後程詳しく紹介しますが，話すことと聞くことの往還をこの「応じる技能」で生み出しながら，「引き出し言葉」と呼んでいる接続語句を駆使しつつ，対話の深まりを目指していきます。「応じる技能」については村松氏は著書の中で，これまで十分に理解されてこなかったと述べています。そのうえで，対話を活性化させたり深めたりするような応じ方を追究していく必要性を語っておられます。その１つの答えとして私はストラテジック・リスニングを提案しています。

④『朝倉国語教育講座３　話し言葉の教育』倉澤栄吉・野地潤家監修 （朝倉書店）2004 年

話すことや聞くことは，普段の生活でも当然のように行われていることです。それゆえに対話に関する学習は，授業で学ぶものと言うよりも，個人のセンスによるものが大きいと大人（多数の教師を含む）は考えがちになってしまっているのではないでしょうか。少し話がそれてしまいますが，私も国語科の学習においては常にこのことは頭の中に入れておかなければいけないと思っています。話すことや聞くことに関する学習のみならず，国語科の学習ではこの子どもの持ち前の「国語的センス」というものが幅を利かせているように感じるのです。そしてまた現場の先生方も，どうしてもその「センス」に頼って指導してしまう。少なくとも私の以前の指導はそうなりがちでした。例えば段落の小見出しを考える学習です。子ども達がそれぞれに段落の小見出しをつけるとします。そしてその中から，教師があらかじめ考えておいた小見出しに近いものを拾い上げ，クラス全体で共有する。上手に小見出しをつけることができた一部のお手本を基に，さもクラスのみんなが小見出しをつけられたかのように学習を進めていく。これでは一部の子どもの「センス」に頼った学習です。「どうすれば小見出しをつけることができるのか」「クラスのどの子も小見出しがつけられることを実感できているのか」，45 分の中で子ども一人ひとりの学びを保障する，そしてその学びを見とる，ということは当たり前なことですが今後も着実に進めていくべきことだと，自分を常に戒める必要がありそうです。

そんな私がこの本で最も注目したのは，野地氏の学習話法に対する分類です。授業における学習話法として，話すことや聞くことの内実に対する明確な定義に目から鱗が落ちる思いでした。学習話法は大きく分けて２つです。１つは「聞解力」。正確に相手の発言を受け止め，理解し反応していくというすべての学習活動の基礎ともいうべき力です。もう１つは「話表力」。聞き手によくわかるような，話し手の積極的かつ的確に発言していく力を指します。そしてさらに「話表力」は次の５つに分類されます。それは「応答力」「質疑力」「発表力」「討議力」「司会力」です。このうちストラテジック・リスニングは，「応答力」や「質疑力」を射程に収める学習プログラムと考えています。

⑤『質問力』齋藤孝著（ちくま文庫）2006 年

この本の副題は「話し上手はここがちがう」です。先述の話し上手と聞き上手の関係のように，話すということを「質問する」聞き手側から捉えて考えを述べています。齋藤氏はこの本の冒頭で初めて出会う人と深い話ができたり，専門的な情報をきき出せたりする能力がある人は，自らの人生を豊かにできると断言しています。つまり自らの成長のためには，相手に質問しながら情報をきき出す力が必要不可欠だということです。

この「聞き出せる能力」はストラテジック・リスニングでも大切にしている部分です。ストラテジー（戦略）という，一見教育には不向きな言葉を選んだのも，このように聞き手が意識して話し手から考えを「意図的に引き出す」というニュアンスを大切にしたかったからです。

この本では，「質問する」ことについての心構えや「コミュニケーションの秘訣」と称した質問の技術が具体例を交えてたくさん紹介されています。現場の教師とはまた違った立場で，「きくこと」に関する考えがまとめられています。「質問すること」の魅力がこの本では余すことなく語られています。

⑥『ダイアローグ　対立から共生へ，議論から対話へ』
デヴィッド・ボーム著／金井真弓訳（英治出版）2007 年

この本では対話における「心構え」のようなものを学びました。「きくこと」，ひいては対話することには，「情意」と呼ばれる領域が存在します。技能の積み重ねだけでは対話はおろか，「きくこと」の能力を育むことはできません。その「情意」の部分を，この本では考えることができます。対立を乗り越えて，豊かな対話を生み出すためにはどんな心構えが必要なのでしょうか。

ボームは，対話の目的は議論に勝つことでも意見交換をすることでもなくて，「よく見ること」であると述べています。「よく見る」とは，様々な人の意見に耳を傾けたり，その意見がどんな意味なのか考えたりすることだそうです。お互いの意見の意味がよくわかれば，完全に同意を得られなくても，何を考えているか共有することができる。それこそが対話の本当の目的だというのです。

ボームが述べているように，クラスで生まれる意見にまずはしっかりと子ども達と耳を傾けてみる必要がありそうです。「あの子の意見だからよく聞こう。」「あの子は間違いが多いから話はあまり聞いていなくても大丈夫だろう。」このような状況からは早く子ども達と一緒に脱却するべきだと思います。「どの子の意見もすべて大切に扱うこと。」この本から私はそのような心構えを学びました。

⑦『読顔力』佐藤綾子著（PHP 文庫）2010 年

みなさんは『ライ・トゥ・ミー』（原題は「*Lie to Me*」）という海外ドラマを知っていますか。私が大学生の時（およそ 10 年前）に放送されていたのですが，このドラマの主人公に当時の私は強く惹かれました。どんなドラマかと言いますと，精神行動分析学者の主人公がドラマの世界で起こる犯罪を含めたトラブルを精神行動分析の知見を生かして解決していくというものです。驚いたことに主人公は少し話しただけで相手の心の内をズバリと言い当ててしまうのです。この主人公は，実在する表情分析のスペシャリスト，ポール＝エクマンをモデルにしています。表情分析というのは簡単に言いますと，相手の表情から気持ちを読み取るということです。「言語化していない気持ちまで読み取ってしまうなんてとんでもない能力だな。」と思いましたが，考えてみると「目は口程に物を言う」「(本音が）顔に書かれている」などという言葉がありますように，私たちも普段から表情を基に相手の気持ちを探ろうとしていることがわかります。

少し話がそれてしまいましたが，この本はそのような相手の表情から内心を見抜いていく力を「読顔力」として，相手の心を見抜く様々な技術を紹介しています。相手の内心を見抜いてやろうとじろじろ顔を見るのは不快な思いをさせてしまうのでよくありませんが，コミュニケーションは決して交わされる言葉だけではないと気付かせてくれました。子ども達にも表情豊かにコミュニケーションが取れる力を身に付けてほしいと思います。同時に，言葉だけでなく相手の表情をしっかりと読めるようになってほしいとも思います。教室で喧嘩の理由を聞いていると「そんなつもりじゃなかった。相手が嫌がっているとは思わなかった。」という言葉をよく聞きませんか。きっと喧嘩まで発展してしまう前に相手は嫌な気持ちを表情や行動で示しているはずなのです。「言葉は巧みに操ることができても相手の心はうまく読み取れない。」これでは，豊かな人間関係を築いていくことはできません。普段子ども達が対話している学習場面では，できるかぎり子ども達がどのような表情で，どのような声色で交流しているかを見るようにしています。子ども達にも，言葉以外の情報を豊かに読み取れる力を育んでいく必要があると考えさせられた１冊です。

2 ストラテジック・リスニングとは

1 3つの「きく」

「話すこと・聞くこと」に関する力を子ども達に育むということが，私の初任１年目からの大きなテーマでした。様々な文献を読む中で，よく耳にする「聞く」という言葉はさらに「聴く」「訊く」という言葉でも語ることができるということを知りました。したがってまえがきでもふれたように，文章中で表記する時は「きく」とし，「聞く」「聴く」「訊く」を意識して使い分けることにしています。本書でこれまで「きく」という表記を目にして，「どうして『聞く』と書かないのだろう。」と思われたでしょうが，実はそのような意図があります。

そしてこの３つの「きく」には階層性があるのではないかと考えています。一番下にあるのは「聞く」です。自然と音が耳に入ってくる，音声を知覚するという場合，この「聞く」が当てはまります。その上に「聴く」です。相手の話に意識を集中させて，情報を受け取ろうとする場合，この「聴く」が当てはまります。最後，一番上にあるのが「訊く」です。これは「訊ねる（たずねる）」とも読みますので，簡単に言いますと「質問する」，「問う」ということです。「きく」はこの３つの階層で成り立っており，どの階層をねらって指導するのかは常に意識する必要があると考えています。「階層」という言葉で表現したのには理由があります。「訊く」ことは必然的に「聴く」必要性を生み出し，「聴く」ことは「聞く」ことの基礎の上に成り立つと考えているからです。そしてそれぞれの階層は，相互補完的に機能していると考えられます。つまりどの階層が抜けても子どもの「きく」姿を育むことができないということです。

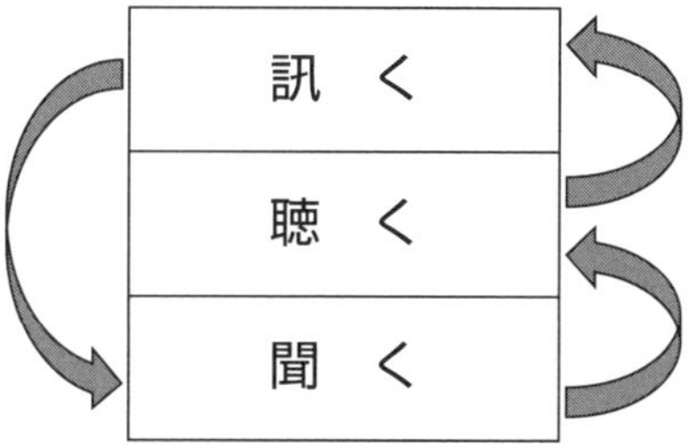

「きく」の階層図

2 ストラテジック・リスニングとは

「ストラテジック・リスニング」がその理論で意識的に焦点を当てるのは「訊く」です。なぜなら「訊く」ことで「きく」機能を余すことなく発揮させることができるからです。読者のみなさんの中には，聞くことは受動的な行為で，話すことが能動的な行為と整理して理解している方もいらっしゃるかもしれません。しかし，本来「きく」という行為は非常に能動的な行為です。なぜなら「きく」ためには常に選択的な思考が働くからです。

恥ずかしながら私には生返事をしてしまう癖があります。このような本を書いておきながら，「先生！私の話聞いてた！？」「ごめんごめん。ぼーっとして聞いてた…もう１回話してくれる？」と休み時間子どもによく謝っています。生返事をしている時の私は聞いているようで聞いていない。つまり聞いている内容を選択的に受け取っていないということになります。反対に興味があることにはよく反応します。読者の方も経験があると思いますが，学習中の子どものつぶやき（特に自分が想定していた学習の流れに沿うもの）が自然と耳に入ってくることはありませんか。それも選択的に「きいて」いる１つの例です。教室の中で生み出されるたくさんの音声情報から，教師である私たちは能動的に情報を選択してきいているのです。

そして「きく」機能の中で最も能動的なものが「訊く」です。求めている情報を意識的にかつ意図を持って引き出すということだからです。ストラテジック・リスニングはこの「訊く」力を学習者に育んでいくことで身に付けていくことができます。ストラテジック・リスニングには「相手から考えを引き出そう」という明確な目的意識が必要です。「きく」という行為を能動的な活動と捉え直したうえで，その能動性の最たる「訊く」に焦点を当てていくことがストラテジック・リスニングの学びの主軸です。

ストラテジック・リスニング
　目的（合意形成や納得）に向かって意見を創出したり再構成したりするために相手から考えを引き出しながらきくこと。

3　ストラテジック・リスニングの土台と二本柱

相手から考えを引き出して終わるのではいけません。「何のために」相手から考えを引き出すのか，この目的意識はストラテジック・リスニングと常にセットです。そうでなければストラテジック・リスニングは，単なる言葉遊びになってしまいます。「訊くこと」に焦点を当てて，学習を組み立て始めるとすぐに気付くのですが，子ども達は柔軟に「訊く」ための言葉を理解し，使いこなしていきます。しかし「訊くこと」，ひいては「きくこと」の大切さを理解するのにはかなりの時間を要します。大人の中にも，残念ながら「きけない」人がいるぐらいですから，子どもの彼らにとっては仕方のないことです。だからこそ常に「何のために訊くのか」「相手の考えをきくと

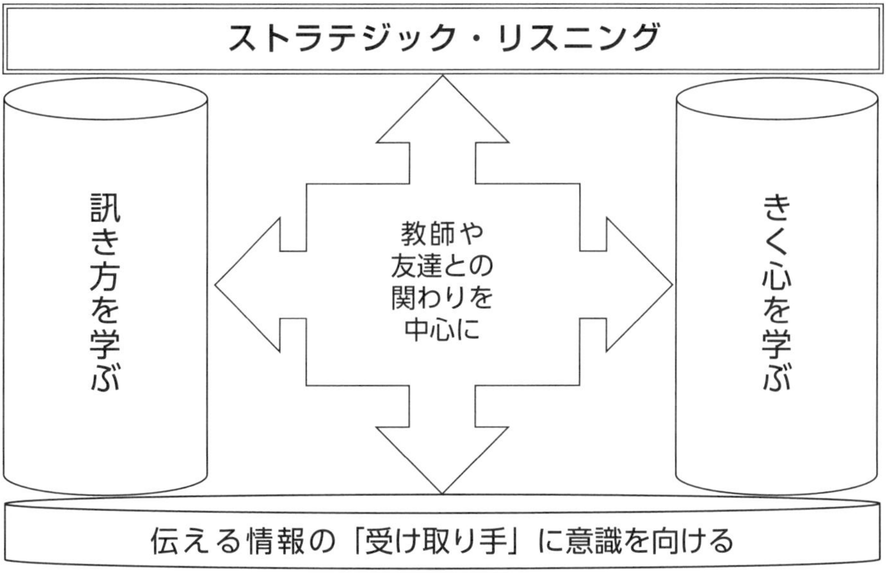

はどういう心持ちで行うことが大切なのか」折に触れて子ども達と丁寧に確認していく必要があるのです。つまりストラテジック・リスニングには「訊き方を学ぶ」「きく心を学ぶ」という二本の柱があるということです。

大切にしたいことは「きく」ということは，人と人とが豊かな関係を築くために必須だという認識を教師が持つことです。そして「きく」ということの技能面ばかりに着目するのではなく，情意面，つまりきき手の心構えの部分にしっかりと意識を向けることです。

3 「対話的な学び」との関連

1 「対話的な学び」とは

いよいよ小学校では新学習指導要領の本格的な実施が始まりました。今回の改定のポイントの１つが「主体的・対話的で深い学び」の実現に向けた授業改善です。学校現場では，今後しばらくはこの「主体的・対話的で深い学びとは何か？」という問いの解決に向けて実践が重ねられていくことでしょう。ストラテジック・リスニングの理論とこの「主体的・対話的で深い学び」とをくらべた時その重なりが大きいのはやはり「対話的な学び」だと言えます。ここではストラテジック・リスニングと「対話的な学び」との関連を整理したいと思います。まず「対話的な学び」について，これまでどのような説明がなされてきたのでしょうか。文部科学省の中央教育審議会が平成28年12月21日に「幼稚園，小学校，中学校，高等学校及び特別支援学校の学習指導要領等の改善及び必要な方策等について」という答申をまとめました。その中で「対話的な学び」の具体的な授業改善の視点について，次のような説明がなされています。

子供同士の協働，教職員や地域の人との対話，先哲の考え方を手掛かりに考えること等を通じ，自己の考えを広げ深める「対話的な学び」が実現できているか。

つまり自分以外の様々な他者（「先哲の考え」を含む）との関わりの中で，子ども達が自己の考えを広げ深めることができるような授業づくりが，これからの教師には求められています。考えてみると当然のことですが，学習は決して１人で行えるものではありません。様々な人やモノとの関わりの中で，子どもは（もちろん大人も）学んでいきます。その関わりの形は色々と考えられますが，「対話する」ということはやはり外せません。ここで言う「対話」は，音声表現を中心とした一般的にイメージされやすい対話だけではありません。子どもが教科書の物語を読んでいる時，本文の言葉と「対話」しています。自分の考えをワークシートにまとめる時，自分と「対話」しています。私たち教師は授業づくりにおいて，広い意味で「対話」を捉えていく必要があるのです。

2 対話の中の沈黙に着目して

「対話」について考えた時，特に注目したいことがあります。私は附属小学校に勤務していますので，教育実習生と多く関わりを持たせてもらっています。近い将来一緒に現場で働くことになるであろう教育実習生と，約一か月間共に教室で成長し合えることは非常に楽しいことです。一生懸命な教育実習生の姿を見て，いつも初心を思い出すことができます。

授業経験の少ない教育実習生を見ていると，ある共通点に気付きました。それは「子どもの沈黙に耐えられない」ということです。「一生懸命考えた発問にもかかわらず，目の前の小学生が黙ってしまった。」このことは，教育実習生にとって大変に重くのしかかるようです。授業の導入部は，教育実習生なりに工夫しており子ども達は非常に明るい雰囲気で学習を始めます。しかし「いざ本題へ」，となると沈黙してしまう。もちろん発問のまずさもあるかもしれません。子どもにとって必然性のある課題設定や，明確かつ的確な指示ができていないことも理由にはあるでしょう。しかし，子どもが黙るということはそう悪いことばかりでもないと思うのです。誤解を恐れずに言えば，研究発表会等でベテランの先生方の授業を参観した時にも子ども達は「沈黙」しています。しかし当然のことながら，ベテランの先生方は厳選された発問をしたり，単元デザインの中で子どもの学習への必然性を保障したりしています。もちろん指示が不明瞭なんてことはあるわけがありません。しかし「沈黙」しているのです。

3 創造的営みとしての「沈黙」

実は「沈黙」は教育実習生のように悲観するようなことではないと言えそうです。倉澤栄吉は「沈黙」について著書『聞くことの学習指導』（明治図書，1974）で「聞くことは沈黙」であると述べています。「真の聞くこと」として，相手に対応しながら「自己確立」「自己発見」「自己反省」「自己変革」することの重要性を指摘しています。そしてそのような沈黙は，「創造的な営み」を経験していることに他ならない，とまとめています。

大切なことは子どもの「沈黙」が「創造的営み」のためのものかどうかということですね。確かに私たちもじっくりとものごとを考えたい時は，自然と黙ってしまいます。さて，「対話的な学び」について考える中で「沈黙」というキーワードに焦点を当てて考えを述べてきましたが，私はこの「創造的営みのための沈黙」を生み出すためには，ストラテジック・リスニングが重要な役割を果たすと思っています。「沈黙」を「創造的営み」による時と，そうでない時とに分け，それぞれの子どもの頭の中を想像してみましょう。

【学習中に「創造的営みによらない沈黙」をしている子どもの頭の中】

・「今日の給食何かな～。休み時間何して遊ぼうかな。」
・「…（文字通り何も考えていない，魂が教室を浮遊している状態）」
・「友永先生，また服着替えたな。今日何着目？（休み時間に全力で遊ぶためジャージが私の仕事着なのです）」

「創造的営みによらない沈黙」をしている時，子どもは教室の中で飛び交う声や生み出される学びに意識が向いていません。それどころか全く関係のないことに意識が向いており，これでは学習をしているとはとてもではありませんが言えません。この状態は，教育実習生（もちろん筆者も）が恐れる沈黙の状態だと言えます。先にも述べましたように，「発問のまずさ」「必然性のない課題設定」「不明瞭な指示」などがこの沈黙を引き起こします。一方「創造的営みによる沈黙」を子ども達が行っている時，子ども達の思考の内実はどのようになっているのでしょうか。

【学習中に「創造的営みによる沈黙」をしている子どもの頭の中】
- 「○○ちゃんのさっきの話って私の考えと一緒なのかな～。」
- 「今みんなで話し合っていることについての私の考えはどうだろう…。」
- 「課題を解決するためにはもう少し情報がほしいぞ。みんなの話を聞いてみよう。」

「創造的営みによる沈黙」をしている時，先ほどの「創造的営みによらない沈黙」と比べると，明らかに学習への意識が高まっています。それは話している友達や教師の声，取り組んでいる課題への意識の高まりです。ベテランの先生方の授業における子ども達の「沈黙」は，このような子ども達の意識のもとで引き起こされているのです。このようなよき「沈黙」をぜひ教室の中で生み出したいものです。こう考えてみると，子どもが黙ってしまった時に少し子どもの様子をじっと観察する必要がありそうです。子ども達の声を求めて，焦って十分に練られていない発問を重ねてしまうその前に，「子ども達は今なぜ沈黙しているのだろう。じっくりと考える時間が今子どもには必要ではないのかな。もう少し待ってみよう。」という対応が求められるということです。目に見える子どもの姿を大切にすることも大切ですが，私たち教師は「目に見えない」子どもの思考にも注意を払う必要がありそうです。つまるところ，子どもの姿をしっかりと受け止めるということは，外面と内面の両方から子どもを理解するということです。そしてそのような理解を可能にしようと思えば，教師自身が子どもの声（実際に音声として表現されない心の声も含む）に耳を澄ませて「きく」ことが必要だということです。

4 よき「沈黙」を生み出すストラテジック・リスニング

ストラテジック・リスニングでは，このような「創造的営みによる沈黙」を引き起こしやすいと考えます。それはストラテジック・リスニングの二本柱「訊き方を学ぶ」「きく心を学ぶ」のためです。「訊くこと」についての詳述は次節に行いますので，「きく心」について簡単にまとめておきます。それは「何のためにきくのか」ということを，学習者がしっかりと自覚できているということです。この自覚を学習者の中にじっくりと育んでおくことで，質の高い「沈黙」を生み出します。もちろん「沈黙」の中で創造した自らの考えをクラスの友達にいきいきと表現するような，一般的にイメージしやすい「対話的な学び」が行われている授業も生み出すことができます。では具体的に「何のためにきく」のでしょう。私は次の４点であると考えています。

①話し手の考えを理解するために。
②話し手に「受け入れてもらえている」という安心感を伝えるために。
③自分の考えを創り上げるために，また，考えを再構築していくために。
④クラスのみんなと納得解を創り出していくために。

この４つの目的を学習者が意識できていれば，恐れるべき「沈黙」は起こらないでしょう。だから大切なことは，この４つを学習や生活の中で子ども達に価値付けながら学ばせることなのです。学習時に「友達の考えをしっかりきいたからこそ自分の考えが持てた！」という実感を学習者に生み出していくと同時に，生活場面でも「友達に受け入れてもらえることはうれしいことだな。」と感じられるような声かけを教師が意図的に行う必要があります。そのような日々の粘り強い子ども達との関わりを重ねることで，子ども達は「何のためにきくのか」が心にしみ込むようにわかっていくのです。それは一年間をかけて，じっくりと子ども達と共有していくべき大切なことです。

4 「訊く力」を高める指導の必要性

この章では，「きくこと」を指導する意義，「対話的な学び」との関連性の中でストラテジック・リスニングについて論じてきました。本節では，ストラテジック・リスニングの二本柱の内のもう一本，「訊くこと」について考えを述べたいと思います。

1 きくことは「理解すること」か「表現すること」か

「話すこと・聞くこと」という領域が学習指導要領に設定されています。読者のみなさんは「話すこと」を表現すること，「聞くこと」を理解することと捉えていませんか。少なくとも教師を始めたばかりの私はそうでした。聞いて理解したことを，話すことで表現するということです。「話すこと・聞くこと」は，１つの領域にまとめられているにもかかわらず，その内実を２つに切り分けて理解していました。しかし「きく」ということに取り組み始めてから，この認識に私は懐疑的になりました。今では私は「きく」ことは理解と表現の両方を含む営みであると考えています。その時キーワードとなるのが「訊く」という機能です。ここでもう一度，「きく」という３つの機能をおさらいしてみましょう。

> 「聞く」…自然と音が耳に入ってくる，音声を知覚するということ。
> 「聴く」…相手の話に意識を集中させて，情報を受け取ろうとすること。
> 「訊く」…わからないことをもっとよく知るために質問すること。

そしてこの３つの機能は相互補完的な階層構造をとっており，それぞれ関連しているという私の考えも述べてきました。この中で「聞く」「聴く」は理解のための機能であると言えそうです。もちろん「聴く」姿を話し手に示すことで，話し手は勇気付けられたり安心したりするので，「聴く」ことは相手に働きかける「無言の表現」としての側面も含まれるでしょう。しかし一般的にはそれだけだと「聞くこと」＝「理解すること」とされても仕方がないような気がします。しかし「訊く」に着目した時，きくことは必ずしも理解の機能だけでは語れないことに気付きます。「○○さんのお話はざっくりした内容だから今一つわからないな。具体的に言うとどういうことなんだろう。教えてほしい。」という理解することへの欲求が生じ，「○○さん，それって例えばどういうこと？」という音声としての表現活動が生まれます。言うならば「理解するために表現する」というのが「訊く」です。したがって「訊く」という機能を子どもがうまく活用できた時，「きく」は理解と表現を兼ね備えた行為へと生まれ変わるのです。これが，私が「訊く」ことに軸足を置くストラテジック・リスニングを推進したいと考える理由です。

2 教室に相互作用を生み出す「訊く」

「訊く」機能を子どもが学習の中で活用できた時，子ども達の「きく」営みは理解と表現を兼ね備えたものとなり，子ども同士の相互作用が生じます。教室で起こる子ども同士の相互作用とは，お互いに学習に関わる問いと答えを発し合うことです。問いと答えの往還は，やがて学習の質の高まりを「納得解」という形で生み出します。「作用」という言葉は「働きかける」という意味があります。よく「対話は一往復半の関わりが大切だ」と言われますが，つまりは相手に働きかけるような関わりがなければ，言葉が相手に届くだけの「片道」，あるいは届いてそれに対する反応が返ってくるだけの「一往復」の交流となってしまう，ということを言い表しています。これでは教室の中での学びが質の高いものへと変わっていきません。子ども達一人ひとりが自分の主張をするだけの「出し合い話」でとどまってしまうからです。

「訊く」意識を高めることで，友達へ働きかける関わりが教室に生まれ，その関わりに応じる形で新たな考えのやり取りが可能となるのです。これが「一往復半」の対話です。一往復に「半」がつくことで，教室での対話の中で生まれる学びが絡まり合いながら高まっていきます。

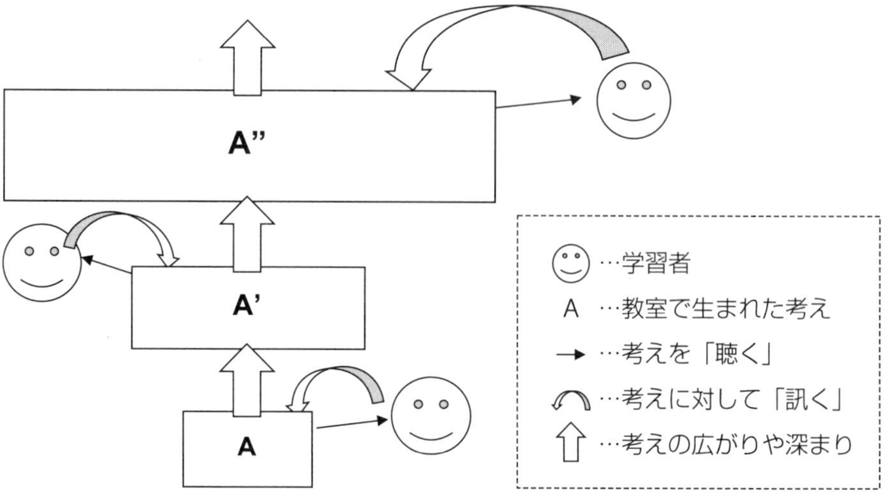

「一往復半の対話が生み出す考えの高まり」のイメージ図

上の図は教室での学びが学習者の「訊く」ことによって高まっていく様子を示しています。Aという考えが教室の中で生み出されたとしましょう。それは１人の子どもが発見した考えかもしれませんし，ペアやグループでの集団の考えかもしれません。まずはその生み出された考えをしっかりと「聴く」ということです。他の人の考えをしっかりと受け止めようとしたり，正確に聴き取ったりすることは重要なことです。その上で考えに対して「付け足してほしいこと」「説明が不十分なこと」「わからないこと」などを「訊く」のです。質問されることで生み出されていた「A」という考えに再構築の必然が生まれます。その中で新たに「A´」という考えが生み出されます。そしてまたその考えを学習者が「聴く」，「訊く」…と繰り返してどんどん考えが広がったり深まったりしていくのです。もしこの図に「訊く」矢印がなければ，せっかくの交流も「一往復」となってしまい考えの再構築も行われません。いつまでたっても「A」は「A」のままです。そこに「訊く」という学習者の活動が組み込まれることで，再構築のプロセスができ上がります。

このプロセスはペアやグループでの交流はもちろん，学級全体の交流でも生み出すことができます。大切なことは学習者が「訊く」という活動を行えるかということです。

3 「訊く」ことで考えを再構築している子どもの姿

具体的な子どもの発話で，「訊く」ことによって考えが再構築されていく様子について考えてみましょう。そうすることでより先に示したイメージ図の理解が深まるでしょう。加えて，「訊く」活動がある場合とない場合とも比較してみたいと思います。「訊く」ことによる「一往復半」の対話が，学習者の学びを深めるために有効であるということもおわかりいただけるはずです。例えばペアトークで学習者Ａと学習者Ｂが「ごんぎつね」の最後の場面の「ごんの気持ち」について話し合っているとします。

「訊く」活動がある場合	「訊く」活動がない場合
Ａ：「ごんはぐったりとなったままうなずきました」っていうところなんだけど，私はごんはうれしかったと思うな。 Ｂ：どうしてそう思うの？ Ａ：だって前の場面でごんは兵十に気付いてほしそうだったでしょ。だからうれしいと思ったの。 Ｂ：兵十にごんは気付いてほしかったんだっけ？ Ａ：ほら，「かげぼうしをふみふみ」って書いてあったでしょ。命の危険もあるのにそれだけ兵十の話が気になってる，つぐないをしているのが自分だってわかっ	Ａ：「ごんはぐったりとなったままうなずきました」っていうところなんだけど，私はごんはうれしかったと思うな。 Ｂ：そうなんだ。ぼくは，悲しかったと思うよ。 Ａ：なるほどね～。

てほしいって思いが表れてるんだよ。Bはどう思う？	

二重線を引いているような「訊く」活動がある場合の発話は，ない場合と比べて非常にしっかりとした根拠を絡めながら学習者Ａの考えが再構築されています。それを可能にしたのは言うまでもなく学習者Bの「訊く」働きかけです。この後学習者Bの考えが学習者Ａに対して伝えられるでしょう。そして学習者Ａによる「訊く」関わりが学習者Bの考えを高めていくのです。そしてそのように再構築の中で洗練された考えを持った学習者たちによって全体交流が行われ，そこで出された考えにすらも「訊く」関わりがなされて，今度は学級全体で考えを高めていくことができる。想像しただけで，きっとその教室に「対話的な学び」が巻き起こっていることはわかりますよね。

「訊く」ことの大切さをわかっていただけたでしょうか。次章では，ストラテジック・リスニングの二本柱である「訊き方」と「きく心」を育むために私が開発した学習プログラム「トークタイム」をご紹介いたします。

第2章

指導編

ストラテジック・リスニングの力をつける「トークタイム」

1 トークタイムのねらい

第1章では，ストラテジック・リスニングを支える「きく」ことの理論についてまとめました。本章では，ストラテジック・リスニングを支える「訊き方」や「きく心」を育むために，私が考案した学習プログラム「トークタイム」についてご紹介します。トークタイムのねらいは，ずばり3点です。

①「きくこと」を楽しむこと。
②「訊く」力を数量化し自らの成長を自己評価すること。
③モニタリングを生かし他者評価を基に自他のきき方を考えること。

1 「きくこと」を楽しむこと

対話することは何より楽しいことでないといけません。誰しもがそうですが，楽しくないことには意欲がわかないものです。「トークタイム」は1年生から取り組むことができるように考案しました。第1章で紹介した村松氏の著書では，小学校低学年の子ども達には，「ことばをつむぎ合う楽しさを実感させる」ことが必要であると述べられています。そのため1年生でも対話することに喜びを感じられるような「楽しさ」と「わかりやすさ」を，「トークタイム」という学習プログラムは兼ね備えています。「楽しさ」というのは，①子ども達にとって興味がわくテーマについて対話できる「楽しさ」，②自分の「訊く」力がすぐさま評価され成長が実感できる「楽しさ」，この2つの「楽しさ」を意識しています。

「トークタイム」は年間を通して，実に様々なテーマ設定で対話ができるプログラムです。それもタイムリーなテーマ設定です。例えば学級開きの時期でしたら「わたしのお気に入りの遊び」というテーマ設定で，自己紹介を兼ねて対話を楽しむことができます。運動会の時期でしたら「玉入れ競争必勝法について」というテーマ設定で，玉入れ競争の戦略を熱く語り合うこともできます。担任が日頃子ども達を観察していて「今ここでこのテーマについて対話させたい」と思ったことをテーマに設定することで，ストラテジック・リスニングの学習に組み込むことができるのです。子ども達もテーマ設定に必然性を感じることができるので，より熱気を帯びて対話が進みます。

また，自らの「訊く」力がすぐに目に見える形に評価されるのも，子ども達に知的な楽しさを呼び起こします。音声言語の評価はこれまで非常に難しいものとされてきました。音声言語には「消失性」があるからです。つまり口から出た言葉は書き言葉のように残らず，その場で消えてしまうということです。そのため評価に苦労されてこられた先生方も多かったはずです。「話すこと・聞くこと」の評価はもっぱら業者テストのお世話になっているという先生も多いのではないでしょうか（もちろん私もその１人でした）。討論会やスピーチの単元では，全員分の音声を聞き取り評価しなければいけない。それはほぼ不可能に近いことですよね。最近はＩＣＴのおかげですべて録音することも可能です。ですが校務の多忙化と，それに伴う勤務の適正化が叫ばれる中，子ども達が発したすべての音声を聞き直して評価する多大な労力と時間は，この時代に逆行するものです。

それにも増して「きくこと」の評価はさらに困難を極めます。「どう話しているか」は子どもの実際の姿として現れてきますので，頑張れば評価することは可能です。しかし「どう聞いているか」は，その子の頭の中を覗いてみないことにはわかりません。メモを書かせ，それを後で教師が評価するということはかろうじて可能ですが，メモを書いてから評価を受け取るまでにタイムラグが生じてしまいその子の成長につながりません。そもそも当の本人も「どうしてこんなメモを書いたんだろう。」という状態に陥ってしまいます。これでは子どもの実態に即した評価にはなりませんし，評価される子どもにとってもあまり意味のないものとなってしまいます。「トークタイム」では，これまで難しいとされてきた「きくことの評価」を大切にしています。即時的な評価は子どもにとって知的な楽しさを生み出すこととなります。

2 「訊く」力を数量化し自らの成長を自己評価すること

学習プログラム「トークタイム」では，子ども達が「何を訊いたか」「どう訊いたか」があらわになります。特にグループの友達に「訊くはたらきかけ」を何回できたかということが，具体的に数値化されます。

ここで「訊くはたらきかけ」について詳しく説明します。これがトークタイムで一番重要になるからです。実は私たちは普段から「訊く」，「応じる」力を発揮しています。そしてこの「訊く」，「応じる」活動が交互に行われることで，対話の内容が広がったり深まったりするのです。テレビでの討論番組や，インタビュー番組でどのような言葉が実際に交わされているかを分析してみればそのことに気付くはずです。問題はその「訊く」力，「応じる」力をどう育てるかということです。

以前こんなやり取りがありました。４歳の姪っ子の面倒を見ていた時です。

> 私：○○ちゃんって，好きなものあるの？
> 姪：ちょうちょ！
> 私：①<u>どうしてちょうちょが好きなの？</u>
> 姪：②<u>だってね～ひらひらしてかわいいから！</u>

①は姪っ子に対する私の「訊くはたらきかけ」です。「どうしてちょうちょが好きなのか」という理由を彼女から引き出したい意図がありました。驚くべきは②の姪っ子の発話です。小学校入学もしていない幼い子どもが，しっかりと「応じる」力を働かせているのです。この自然なやり取りに，たとえ小学校低学年であっても「訊かれたことに応じる」力を持っていることを確信しました。そしてこの「訊く」「応じる」やり取りを自覚的に行えるような学習プログラムがあれば，子ども達の対話する力が向上させられるのではと考えたのです。実はこれがきっかけで「トークタイム」という学習プログラムが考案されたのです。無自覚なやり取りの中で行われている「訊く」「応じる」やり取りを，意識的なやり取りに引き上げることで対話能力全体

の向上を目指すことができると考えています。この無自覚から自覚へというアプローチは，特に小学生にとって必要な学びの過程です。今まで考えずにやってきたことを，意識的に行えるようにするということです。そしてゆくゆくは，「訊く」「応じる」力を意識しないでも豊かに発揮できることを目指します。それはあたかも，初めは意識して自転車のペダルをこいでいた子どもが，自転車を乗りこなすにつれペダルをこぐことを意識しなくなる過程に近いのかもしれません。

「応じる」力を伸ばすためには，「訊く」行為が必要になります。ここで私が注目したのは「引き出し言葉」と私が呼んでいる文と文をつないだり，次の文につなげたりする言葉です。先ほどの「どうしてちょうちょが好きなの？」という私の「どうして」という言葉も，次に理由を述べる文章をつなげるための「引き出し言葉」ということです。書き言葉にも話し言葉にも，「引き出し言葉」は使われています。「しかし」「そして」「なぜなら」などがそれにあたります。日常会話では「けど」「それで」「だって」など，砕けた表現や方言なども入ってくるでしょう。私は「トークタイム」の中で次ページの表にまとめている５つの「引き出し言葉」を指導します。もちろん「引き出し言葉」として機能する言葉は他にもあるでしょうが，小学校段階ではこの５つで十分だと考えていますし，大人の世界の日常会話でもこの５つがよく聞かれます。６つ目の「しつもん！」は，とはいえこの５つの「引き出し言葉」で対応できない「訊きたい」状況の際に使います。当たり前のことですが，人と人とのコミュニケーションなので，すべてが予定通りにはいきません。そのような時を想定して，６つ目の「しつもん！」を設けています。表中の「引き出し言葉」の右には，「役割」という欄を設けています。その「引き出し言葉」を使うとどのような情報を得ることができるのかをまとめています。私の理想は，読者の先生方が子ども達とこの表の中身の加除修正を教室で行っていくことです。そうすることで，先生方の教室の中にどのような「生きた言葉」が生まれているのかがわかります。子どもにとって手あかのついていない言葉ほど扱いにくいものはありません。

引き出し言葉とその役割

引き出し言葉	色	役割
～どうおもう？	赤	対話の切り口となる。 話し合いたいことを焦点化することができる。 話の流れを受けて新たな疑問点が生まれた時にも使う。
たとえば？	黄	相手の話から具体性を引き出したい時に使う。 具体性のない議論が進むことを防ぐ。
なんで？	青	相手の話の根拠を問いたい時に使う。 この引き出し言葉に応じることで話し手も話の根拠がより明確になる。
～ってこと？	紫	相手の考えを確認したい時に使う。 お互いが理解したことの間に生じる誤差を埋める。
ほかには？	緑	話を広げたい時に使う 視点を切り替える効果もある。
しつもん！	黒	その時もう少し知りたいことを自分の言葉でたずねる。(5W1H)

「トークタイム」の中で子ども達はこの「引き出し言葉」を駆使しながら対話を進めていくことになります。当然のことながら，「なんで？」と訊かれているのに，理由を伝える内容で応じないのは問題です。「引き出し言葉」を使って「訊き」，それに対応して「応じる」，このはたらきかけが連続して意識的に生み出されるのが学習プログラム「トークタイム」です。子ども達はこのプログラムで，「話の文脈に合わせてどう引き出し言葉を使って訊けばいいのか」「訊かれたことに対してどう対応していけばいいのか」を学ぶことができます。

「今日は２回しか訊けなかったから次は頑張ろう！」「こないだのトークタイムより多く訊けた！」と数値にこだわって取り組む子どもの姿もよく見かけます。必ずしも何回訊けたかは重要なことではなく，訊いた中身こそが大切になってくるのですが，子ども達にとって具体的に自分の「訊く」力が数字で評価されることは励みになっているようです。低学年段階では，それも大切な成長と認め子ども達をほめるきっかけとしています。学年が上がるにつれて，徐々に「訊く」ことの「量」ではなく「質」に目を向けるアプローチを教師が意識的に行っていくようにします。

3 モニタリングを生かし他者評価を基に自他のきき方を考えること

学習プログラム「トークタイム」のウリは，モニタリングにより他者評価と自己評価のサイクルを回すことが可能なシステムであるということです。「トークタイム」の導入初年度は，まだ「モニタリング」という言葉が世の中に浸透しておらず子ども達への説明に苦慮しましたが，今や某テレビ番組のおかげで子ども達に身近な言葉となっています。「先生，モニタリングって相手のことを観察することだよね！」と，子ども達がモニタリングすることのイメージを持つことができているおかげで，ずいぶんと説明しやすくなりました。「トークタイム」では，低学年では３人１グループ，高学年では５人１グループの中に「モニタリング」をする子どもを役割として設定します。つまり友達がきき合っている様子を，じいっと観察している子どもがいるということです。そしてそのモニタリング役の子どもの気付きを踏まえた評価を，他者評価という形で対話していた子ども達と共有します。

モニタリングによる他者評価は，「訊く」力，ひいては「きくこと」全体の力を伸ばしていくうえで非常に効果的です。なぜなら「自分がどう話しているか」を知ることより，「自分がどうきいているか」を知ることの方がはるかに難しいからです。考えてみると普段の生活でも，「何を話そうかな」と思案することはあっても「どうきこうかな」と考えることはほとんどありませんよね。「きくこと」は無意識に行われることが非常に多いのです。モニタリングによる他者評価を組み込むことで，「自分ってそんな風にきいていたんだ。」「自分のきき方が相手にそんな影響を与えていたんだ。」と，「きくこと」に関する気付きが増えます。この気付きを蓄積すること，そしてそれを次の対話に生かすこと，そのサイクルを保障することで「きくこと」の力を伸ばしていくのです。

ここまで，トークタイムの３つのねらいについてまとめました。次節からはトークタイムの指導手順をまとめています。「理論やねらいよりもまずはやり方を教えてほしい！」という声もあったかもしれません。しかし，具体的な方法を伝える前に先に理論をお示ししたのは，学習プログラム「トークタイム」の背景にある「理念」を読者の皆様には知っておいてほしかったからです。「理念・哲学なき行動（技術）は凶器であり，行動（技術）なき理念は無価値である」とは，ホンダの創始者本田宗一郎氏の言葉です。理念と技術の両面が機能して初めて子ども達に「きくこと」の本当の大切さが伝わります。単なる言葉遊びで終わってしまうことは，「きくこと」を媒介とした心と心のコミュニケーションを阻害してしまうことになるでしょう。それでは本当の意味で「きくこと」ができているとは言えません。ストラテジック・リスニングの二本柱である「訊き方を学ぶ（技術）」と「きく心を学ぶ（理念）」の両立をこれから実践される先生方には大切にしていただきたいのです。そしてぜひ，子ども達が「きく心」，つまり相手をそのまま受け止めて，思いやりあふれるきき方ができた時には，しっかりと価値付けてあげてほしいと思います。

次節では，まずはじめに年間指導計画例を示したいと思います。先にも述べましたが，トークタイムはその時々で学級にとってタイムリーな話題を選ぶことが大切です。子どもにとって「話してみたい！聞いてみたい！」という必然性を生み出すことができるからです。担任の先生にとっては「このタイミングでこのテーマについて学級で交流させたいな。」と思うテーマを選ぶと，学級経営の改善にもつながります。ちなみに私は教室内の荷物の整理がおろそかになってきた時には，学校生活を振り返るようなテーマを設定することにしています。また学年で国語科の授業を担当している先生は，その時扱っている学習材をテーマに取り入れることで，さらに子どもの学びを深めるための材料集めをすることができます。次節で示すのはあくまでも「例」ですので，実践をされる先生方でどんどんカスタマイズをしていただければと思います。

2 トークタイムの年間指導計画例（低学年・中学年・高学年）

第２節ではトークタイムの年間指導計画例をお示しします。実際に私の学級で実施したテーマもあれば，「この時期にこのテーマに取り組んでみたらおもしろいのではないかな。」と思うものもありますので，読者の先生方には参考にしていただければと思います。

その前に，低学年のトークタイムを実施する場合に，一点だけ注意をしてほしいことがあります。それは低学年では，トークタイムの時間は友達とお話しできる「楽しい時間」と感じられるようするということを意識していただきたいということです。早期にトークタイムのルールを教え込んだり，引き出し言葉を使用することを過度に求めすぎたりすると，「したい学び」が「させられる学び」へと変わってしまいます。低学年なら，導入時期の４月は「まずは３分間自由におしゃべりを楽しもう。」ぐらいのめあてで始めるのがよいかもしれません。そこから徐々に「『なんで？』という言葉を使って理由を訊いてみよう。」「相手の考えを『～ってこと？』と確かめてみよう。」などと，ストラテジック・リスニングを導入していくことも考えられます。学級の子どもの実態に応じて柔軟に進めていくことが大切です。

また，学校全体でトークタイムを朝の会に実施していく場合も考えられます。子ども達のストラテジック・リスニングが向上し，どのクラスでも日々の生活や授業に「きくこと」が位置付けられていくでしょう。その際には，学校全体で系統性を意識することも非常に価値があることです。例えばトークタイムを通して，ストラテジック・リスニングだけでなく，「子ども達の仲間づくりの力も学校全体で支援したい。」と考えたとしましょう。その場合は，低学年で「となりの友達と自分のことを伝え合えるテーマ」，中学年で「学級のことについて考えをきき合えるテーマ」，高学年で「学校全体のことについて考えをきき合えるテーマ」などというテーマ設定が考えられます。こうすることで段階を追って子ども達の仲間づくりの意識が広がっていきます。

1 年間指導計画例（低学年編・1年生の場合）

実施時期	実施時間	テーマ
4月	朝タイム	しょうがっこうで　がんばりたいこと
5月	朝タイム	ようちえんの　おもいで
	国　語	えほんの　おもしろかったところ
6月	朝タイム	わたしの　たからもの
	朝タイム	わたしの　かぞく
7月	朝タイム	なつやすみに　したいこと
9月	朝タイム	なつやすみの　おもいで
	国　語	えほんの　おもしろかったところ
10月	朝タイム	たいいくたいかいで　がんばりたいこと
	朝タイム	たいいくたいかいの　かんそう
11月	国　語	くじらぐもにのって　どこへいきたいか
	国　語	えほんの　おもしろかったところ
12月	国　語	わたしが　いちばん　すきな　のりもの
	朝タイム	ふゆやすみに　したいこと
1月	朝タイム	お正月に　たのしんだこと
	国　語	えほんの　おもしろかったところ
2月	生　活	しん1年生に　おすすめしたい学校の　ばしょ
	朝タイム	2年生になったら　がんばりたいこと
3月	朝タイム	1年間の　一ばんの　おもいで

低学年は段階として,「たくさん話したい」「聞いてもらうことがうれしい」という時期です。この時期には，低学年の子どもが「たくさん話せる」というテーマ設定を大切にしています。そのため「わたしの○○」というテーマを多く扱います。また，読み聞かせをされる先生も多くいらっしゃると思います。感想をトークタイムで交流させると，一人ひとりの読みが引き出されておもしろいでしょう。さらに随所に国語科や生活科との関連を意識し

たテーマを組み込んでいます。子ども達の発話をＩＣレコーダーで記録しておくと，一人ひとりの考えが明らかとなり指導のヒントにもなるでしょう。

子ども達にとって身近なテーマで，「たっぷり話せる」「たっぷり訊ける」ということを味わわせる，ということが低学年のテーマ設定のポイントです。

2 年間指導計画例（中学年編・３年生の場合）

実施時期	実施時間	テーマ
４月	朝タイム	おたがいに自己紹介をしよう
	朝タイム	楽しい学級にするために必要な係を考えよう
５月	朝タイム	とっておきのクラス遊びを１つ決めよう
	社　会	自分が住んでいる○○市のよいところを紹介しよう
６月	朝タイム	とっておきのクラス遊びを１つ決めよう
	国　語	学校生活を紹介するための手段を交流しよう
７月	朝タイム	１学期の係活動をふりかえろう
	朝タイム	お楽しみ会のアイデアを交流しよう
９月	朝タイム	１学期の成果と課題を生かして必要な係を考えよう
	国　語	友だちとつくった俳句を交流しよう
10月	朝タイム	大玉転がし必勝法について
11月	道　徳	どうしてけんかしてしまうのか
	国　語	すがたをかえる○○について話し合おう
12月	朝タイム	おすすめの休日の過ごし方
	朝タイム	２学期の係活動をふりかえろう
１月	朝タイム	２学期の成果と課題を生かして必要な係を考えよう
２月	国　語	「モチモチの木」の続き話を交流しよう
	朝タイム	私たちの学級キャッチコピーを考えよう
３月	朝タイム	３学期の係活動をふりかえろう
	朝タイム	心に残るお別れ会のアイデアを交流しよう

中学年は，自分たちで創造的に活動することを楽しむことが大好きな学年です。この時期の子ども達のアイデアの豊富さや，「自分たちでやってみたい！」と思う実行力には驚かされるものがあります。そこで中学年では，係活動やお楽しみ会の計画をテーマとして多く設定しています。また，他教科との関連も意識しました。テーマについてじっくりと話し合わせたい場合は，モニター役を置かずにトークタイムを実施することも考えられるでしょう。

3 年間指導計画例（高学年編・5年生の場合）

実施時期	実施時間	テーマ
4月	朝タイム 朝タイム	おたがいに他己紹介をしよう 学年目標を考えよう
5月	国　語 朝タイム	新美南吉の作品を紹介しよう 6年生にインタビューしよう
6月	朝タイム 国　語	私たちの学年キャッチコピーを考えよう 今朝の新聞の一面記事を比較しよう
7月	朝タイム	宿泊学習で楽しみなことについて
9月	朝タイム 道　徳	騎馬戦の作戦を話し合おう しあわせとは何か
10月	朝タイム 朝タイム	学年の問題点を考えよう 学年の問題点の解決策を考えよう
11月	国　語 国　語	「大造じいさんとガン」の続き物語を考えよう 「動物」をテーマに作品を紹介しよう
12月	朝タイム	学年の問題点の解決策を実行した感想を交流しよう
1月	道　徳	なぜ世の中にきまりがあるのか
2月	国　語 朝タイム	重松清の作品を紹介しよう 私たちの学校キャッチコピーを考えよう
3月	国　語	最高学年としてどのような学校にしていきたいか

高学年の子ども達は，少しずつ周りが見えてくる時期です。話すことに恥ずかしさを感じる子も出てくる頃でしょう。低学年とは違って「わたしの○○」のような，自分にとって身近なテーマは自分をさらけ出すことになるので語りたがらないことも考えられます。そこで高学年では，自分自身のことではなく，自分も含めた集団のことについて考えるテーマを多く設定しています。さらに，高学年として学校運営に参画していくことを意識づけるために，学年について考えるテーマ設定から，学校全体について考えるテーマ設定への移行を意識しています。最高学年となり，自分たちで主体的に学校文化を創り上げようとする子ども達を育てることを意識しています。「あいさつが少ないからあいさつ運動をしてみよう。」とか，「低学年の子ども達に遊び方を教えてあげよう。」などという６年生が学校全体を考え自主的に行動していく姿は，一朝一夕で生み出せるものではありません。話はそれてしまいますが，このように主体的に学校文化を創り上げていこうとするような最高学年の存在は，どの学校でも理想とする姿だと思いますが，そのためには学校全体の計画的な取り組みが必要です。トークタイムにそのための重要な役割を担わせることも可能でしょう。

高学年では国語科との関連も特に意識しました。新学習指導要領でも日常的に読書に親しむことや，読書で自分の考えを広げることが求められています。トークタイムのテーマとして，読書活動との関連を意識することで子ども達の読書に必然性を持たせることができます。

また，「しあわせとは何か」「なぜ世の中にきまりがあるのか」といった，簡単には答えが出ない問いもテーマとして設定しました。ストラテジック・リスニングが身に付いてきた高学年ならば，このような追究型の問いに対しても，互いの考えを引き出しながら自分たちの納得解を形成することができるでしょう。ぜひ読者の先生方も学級の子ども達とチャレンジしてください。そして子ども達が生み出す個性豊かな考えの広がりや深まりを楽しんでほしいと思います。

3 トークタイムの指導手順

この節では，いよいよ学習プログラム「トークタイム」の具体的な指導の仕方について，指導手順と指導のポイントをまとめながらご紹介します。

1 「トークタイム」を行う前に指導しておくこと

「トークタイム」を行うにあたって，事前に指導しておかないといけないことは，ずばりテーマについてです。先述のようにタイムリーな話題や，「ここで子ども達に話し合わせたい」という担任として必然性のある話題を選んでおきましょう。前節の年間指導計画例はもちろん，次節にはテーマの一覧も掲載しておきますので，そちらを参考にしていただいても構いません。

テーマが決まれば，できる限り早く子どもに伝えておいてあげましょう。「今日のトークタイムのテーマは○○だよ。ではさっそく話し合ってみよう。」と突然言われても，対応できる子どもは少ないでしょう。きっと大人でも困ってしまうのではないでしょうか。あらかじめ子ども達に伝えておくことで，与えられたテーマについて子ども達は自分なりに準備をすることができます。子どもによっては，家庭で保護者とテーマについて事前に話し合ってくる子どももいます。そのような積極的な姿勢をぜひとも応援してあげたいものです。ですから，できれば前日の帰りの会で，遅くても朝休みには子ども達にテーマを伝えてあげましょう。私の場合は，前日の帰りの会で口頭で伝えたり，当日の朝に黒板にテーマを書いたりして伝えています。テーマが子ども達に伝えられれば，事前準備としては完了です。あとは本番を待つのみです。

指導のポイント

全学年共通
・「話したい！」と思えるテーマを事前に子どもに伝えておきましょう。

2 「トークタイム」の具体的な指導

「トークタイム」は10分程度で実施できる学習プログラムです。朝の空いた時間や，国語を中心とした教科学習のちょっとした隙間時間に実施することができます。「トークタイム」の手順が複雑だったりころころと変更があったりすると，一番困るのは子どもです。できる限り指導の手順はいつも固定して実施しましょう。指導における教師の手順を表にまとめます。

❶机移動の指示 ❷「トークタイムカード」「引き出し言葉の表」の配布 ❸テーマの確認 ❹モニターとリスナーの役割分担の確認 ❺「トークタイム」の計時と進行の声かけ ❻教師による「よいきき方」の価値付け ❼「トークタイムカード」「引き出し言葉の表」の回収

❶机移動の指示

指導の手順を順番に見ていきましょう。まず机移動の指示です。「トークタイム」では机の形にこだわっています。「トークタイム」は，低学年で３人１グループ，中学生で４人１グループ，高学年で５人１グループで行います。人数が多ければ多いほど，複雑な対話や詳細なモニタリングができます。

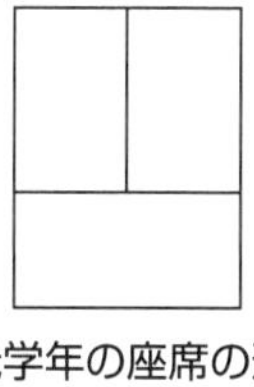

低学年の座席の形

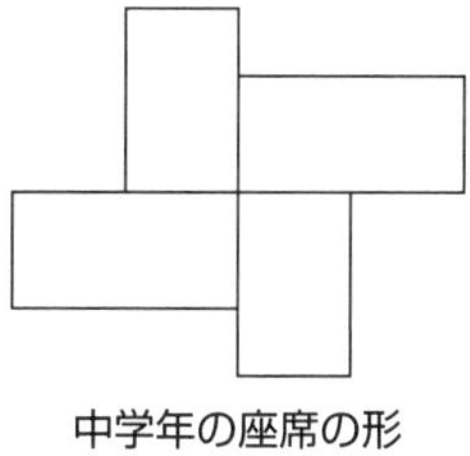

中学年の座席の形

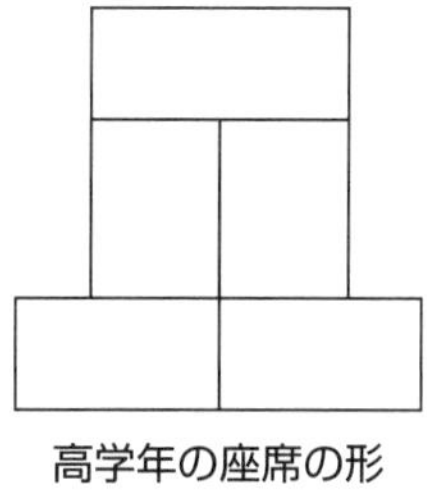

高学年の座席の形

座席の形はいつも同じにしておくと，低学年の子ども達でも定着するのが早いです。第４章に「座席の形カード」を載せていますので，それをコピーして提示し，カードを使って視覚的に座席の形を伝えるのが効果的です。

指導のポイント

全学年共通
・座席の形をいつも固定することでスムーズに準備ができます。

❷「トークタイムカード」「引き出し言葉の表」の配布

次は「トークタイムカード」と「引き出し言葉の表」の配布です。時間短縮のため子どもに事前に準備させておくのもいいでしょう。低・中学年では「トークタイムカード」がＡとＢの２種類，高学年では「トークタイムカード」がＡとＢとＣの３種類です。高学年になると１種類「トークタイムカード」が増えているのは，詳細なモニタリングを行うことでより話し合いのメタ認知を促してグループのメンバーの「訊く」「応じる」力を向上させるためです。

「引き出し言葉の表」は前節で紹介した「しつもん！」を含めた６つの「引き出し言葉」を色別に分類したものです。「トークタイム」には大きく分けて２つの役割が存在します。１つは「リスナー」です。与えられたテーマに対して「引き出し言葉」を駆使しながら「訊く」力を発揮したり，受け答えをしながら「応じる」力を伸ばしたりします。もう１つは「モニター」です。リスナーの対話をモニタリングし分析します。リスナー同士の対話の後には，モニタリングの成果を進んでリスナーに伝えることで，リスナーに客観的な評価からのストラテジック・リスニングに関するメタ認知を促します。

リスナー…「引き出し言葉」を駆使して訊いたり応じたりする。
モニター…リスナーのやり取りをモニタリングし分析を加えて後で伝える。

モニターの子どもは，リスナーが対話の中で使用した「引き出し言葉」を色別に「トークタイムカードＡ」に記録します。

どうおもう？
たとえば？
なんで？
～ってこと？
ほかには？
しつもん！

引き出し言葉と対応する色のイメージは p.36 の表を参考にしてください。

「引き出し言葉の表」を見ながらモニターが色別に記録しやすいように，グループに１枚ずつ表を準備します。私はラミネートで補強して１年間使い続けることができるようにしています。加えて，大きめに拡大したものを黒板に貼ったり近くに置いたりしておきます。そうすることで子ども達が「トークタイム」以外の学習場面で「引き出し言葉」を使用した時にすぐに価値付けることができます。「〇〇さん，今『たとえば？』って引き出し言葉を使ったね。『たとえば？』の引き出し言葉を使えるようになると，相手から具体的な情報が引き出せるよ。さぁ，この後訊いた相手から具体的な情報が返ってくるかな？」という具合です。もちろん，その後具体的な情報で訊かれた子どもが応じることができたらしっかりとほめます。このような日々の粘り強い声かけが，子ども達の「生きた言葉」を鍛えることになります。

指導のポイント

全学年共通
・「引き出し言葉」を使うと相手の考えがわかって便利だ，と思えるような声掛けを日ごろから行いましょう。

❸テーマの確認

「トークタイム」に必要なプリントが配布できたら，次はテーマの確認です。先にお伝えしたようにテーマ設定は子ども達にとっての必然性が重要です。子ども達がテーマについて，少しでも振り返ることができるように教師からの短いお話があってもいいでしょう。例えば夏休み明け，始業式の日に新学期の係を決める学級も多いと思います。「こんな係があったらいいな。」を「トークタイム」のテーマに設定すれば，特別活動の時間で係の話し合いをする時にもスムーズにいくはずです。「新学期が始まりましたね。新学期はどんな係にチャレンジしたいですか？　１学期の係活動も振り返って，あったらいいなと思う係についてアイデアをきき合ってみましょう。」という具合です。ここで子ども達に「話してみたい！」と思わせることが大切です。

指導のポイント

全学年共通
・テーマに関わる教師の小話で「トークタイム」の意欲をアップ。

❹モニターとリスナーの役割分担の確認

できる限りモニターもリスナーもすべての子どもが経験できることが大切です。意外とモニタリングをし，話し合いを分析することが好きな子どもが多いのです。モニターはトークタイムカードを記入します。片方ばかりを経験するのではストラテジック・リスニングの成長に偏りが出ます。できるかぎり前回モニターで客観的に捉えた「よいきき方」を，今回のリスナーで生かすというように交互に役割を経験できるよう声をかけましょう。

指導のポイント

全学年共通
・リスナーとモニターをバランスよく経験できるよう声をかけましょう。

❺「トークタイム」の計時と進行の声かけ

ここまできたらいよいよ「トークタイム」の中心部分です。教師は「トークタイム」の計時と進行の声かけを行います。下記にタイムテーブルの例を示します。

○テーマに基づいたリスナー同士の対話（5分）	
○モニターを交えた対話の振り返り（4分）	
○自己評価の記入（1分）	計 10 分

タイムテーブルの「例」としたのは，教室で実施しながら柔軟に時間を変更してほしいからです。導入当初は説明に時間がかかり，10 分以内で終えることが難しい場合もあります。また，「対話が深まっている！　もう少し話す時間を与えたらよい結論が出そうだ！」と教師が感じたら，5分間のリスナー同士の対話を延長することもできます。子ども達はどうしてもお話に夢中になって，時間をオーバーしてしまいがちです。子ども達の様子を見ながら，進行の声かけをしていきましょう。

指導のポイント

全学年共通
・子どもの対話している様子を見て時間を柔軟に変更しましょう。

ここで「トークタイムカード」のそれぞれの種類にどのような内容を書き込むのか，実物に説明を加えながら次ページでお示しします。実際に子ども達が書いたトークタイムカードは次章で紹介しますので，そちらを参考にするのもよいですし，第４章の資料編を見ていただいても構いません。

まず「トークタイムカードA」は，「引き出し言葉」をどれだけ使えているのかを記録します。仮に「引き出し言葉」からAさんが「どう思う？」と相手に訊いたとします。その場合Aさんの欄に赤の色丸を記録します。あとで振り返った時に，どのような「引き出し言葉」を，いくつ使えたのかが一目瞭然というわけです。また，「トークタイム」をやってみた感想，次回どのようなところを頑張りたいのか，について話し合った内容も記録します。「楽しかった」のような簡単な感想ではなく具体的に書くようにしましょう。

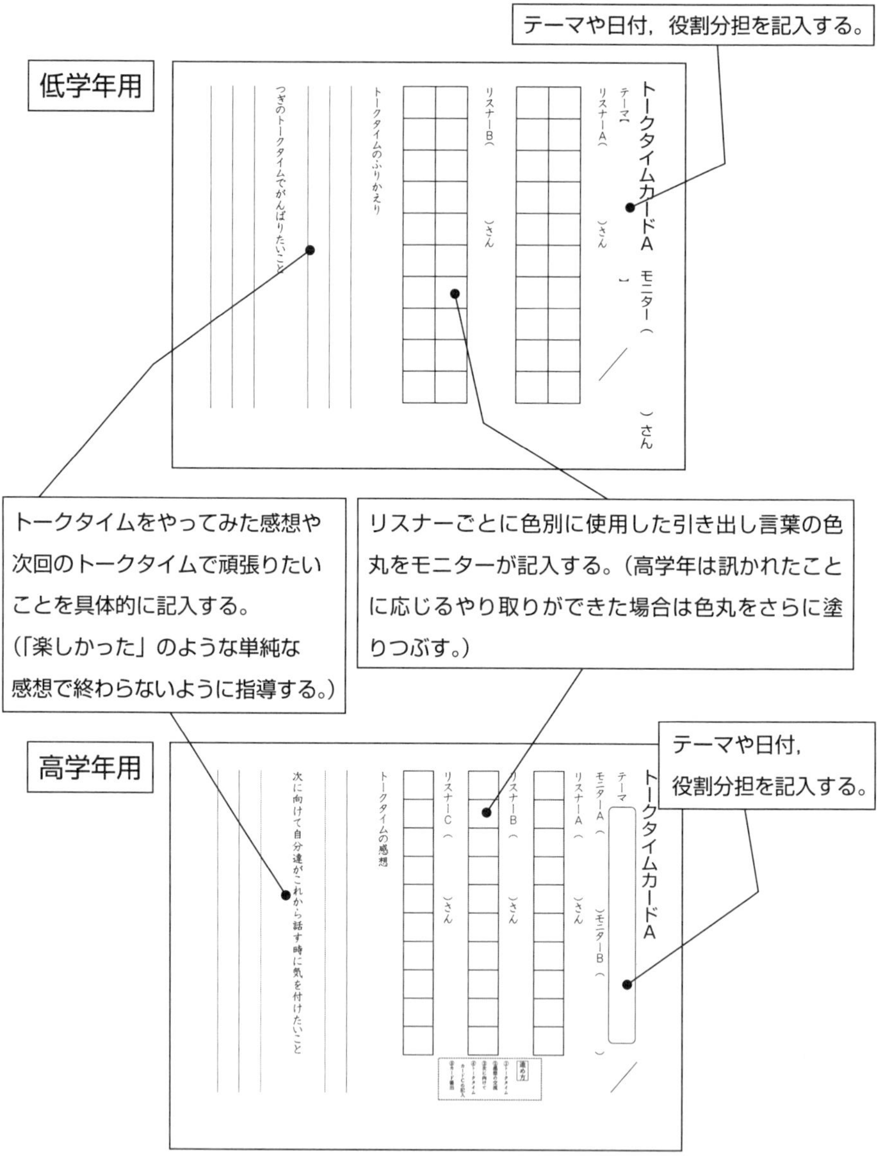
テーマや日付，役割分担を記入する。
低学年用
トークタイムカードA　モニター（　　）さん
テーマ【　】
リスナーA（　）さん
リスナーB（　）さん
トークタイムのふりかえり
つぎのトークタイムでがんばりたいこと
トークタイムをやってみた感想や次回のトークタイムで頑張りたいことを具体的に記入する。（「楽しかった」のような単純な感想で終わらないように指導する。）
リスナーごとに色別に使用した引き出し言葉の色丸をモニターが記入する。（高学年は訊かれたことに応じるやり取りができた場合は色丸をさらに塗りつぶす。）
高学年用
テーマや日付，役割分担を記入する。
トークタイムカードA
テーマ
モニターA（　）モニターB（　）
リスナーA（　）さん
リスナーB（　）さん
リスナーC（　）さん
トークタイムの感想
次に向けて自分達がこれから話す時に気を付けたいこと

具体的な記入の仕方〈トークタイムカードA〉

「トークタイムカードA」では，色丸を記入しますが，中・高学年になると塗りつぶす作業も求めます。どのような時に塗りつぶすかと言いますと，「訊かれたことに対して応じることができた場合」です。これは，リスナーの「応じる」力を発揮，発展させるためです。訊かれたことに対して応じることができていないとモニターが判断すれば，色丸は塗りつぶされません。したがって色丸がたくさんついただけで喜ぶのでは不十分で，相手にきちんと反応してもらえて塗りつぶされた色丸でないといけないのです。ここもストラテジック・リスニングでは重要なポイントです。つまり，「訊く」という営みは，質問「する側」と「される側」の共同作業なのです。ただやみくもに質問をすればいいというわけではなく，相手が答えやすいような言葉を選びつむぎだす必要があります。「いったい何を質問しているの？」と相手の質問の意図が見えなかったり，「何でそんなこと答えないといけないの？」と応じることに躊躇してしまったりするような質問ではいけないということです。高学年にはこのようなところまで意識してもらうために，「色丸を塗りつぶせるように」というひと手間を加えています。一方低学年は，まだまだお話を楽しむ段階。「たくさん質問できた！」という満足感を味わわせてあげたいので色丸を塗りつぶすことは求めません。ただ，低学年であっても答えに困る質問には何となく気付いています。対話の流れの中でうまく調節している姿を見ることもあるでしょう。そんな時に「○○さんは今の質問に答えるのちょっと困っていたね。どうしてだろう。」とさりげなく声をかけることも，ストラテジック・リスニングの体得のためには大切なことです。

指導のポイント

1～3年生	4～6年生
・たくさん質問できたことを認めてほめてあげましょう。	・訊くだけでなく相手が応じやすいきき方を考えさせましょう。

「トークタイムカードB」は，「トークタイム」を振り返って自己評価を行うためのカードです。前節でもお話したように，ストラテジック・リスニン

グの体得には自己評価が欠かせません。自らのきく力を自覚しておく必要があるのです。低・中学年の項目は「対話自体を楽しめているか」「きくことに満足できたか」ということを自己評価できるものにしています。高学年の項目は「ストラテジック・リスニングの有用性を実感できているか」ということを自己評価できるものにしています。

また低・中学年はリスナーとモニターで自己評価の項目を区別していますが，高学年はあえて自己評価の項目を区別していません。低学年はリスナーとモニターを区別して考えないと，まだまだ自己評価が難しいからです。しかし，ストラテジック・リスニングは，リスナーとモニターの両方の役割を同時進行で行うことを求めます。一生懸命話したりきいたりすることに加えて，「もっと引き出したい情報は何だろう。」「答えやすい引き出し方ができてるかな。」と，頭の中で対話全体を客観的にモニタリングする必要があるのです。したがって高学年ではリスナーであってもモニターであっても，ストラテジック・リスニングの上達に向けて必要な項目を自己評価できるように，同じ項目を設定しているのです。

また，高学年は振り返りの話し合いも含めたトークタイム全体を振り返って，「誰が一番よいきき手であったか」を考える項目も設定しています。この項目を記入する中で，「自分たちがよいと思えるきき方」が子ども達の口から明らかになってくるという仕組みです。それを教師が全体の場で価値付けると，「自分たちがよいと思えるきき方」がクラスに広がっていきます。

指導のポイント

1～3年生	4～6年生
・きくことで「楽しかった」「満足した」と思える自己評価を大切にしてあげましょう。	・「子どもたち自身がよいと思えるきき方」を積極的に教師がクラスに発信し価値付けていきましょう。

低学年用

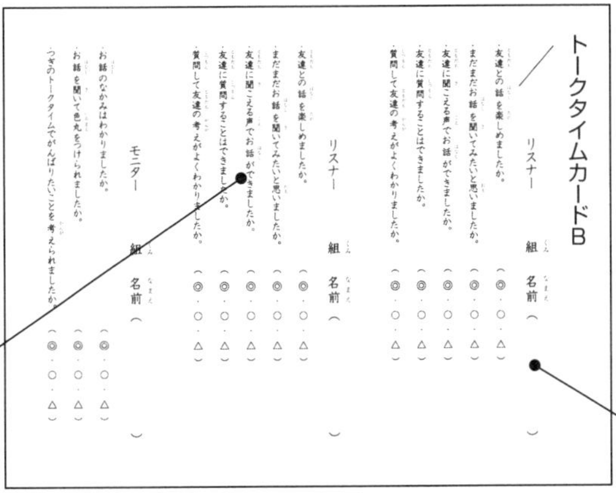

トークタイムカードB

リスナー　組　名前（　　　）

・友達との話を楽しめましたか。（◎・○・△）
・まだまだお話を聞いてみたいと思いましたか。（◎・○・△）
・友達に聞こえる声でお話ができましたか。（◎・○・△）
・友達に質問することはできましたか。（◎・○・△）
・質問して友達の考えがよくわかりましたか。（◎・○・△）

リスナー　組　名前（　　　）

・友達との話を楽しめましたか。（◎・○・△）
・まだまだお話を聞いてみたいと思いましたか。（◎・○・△）
・友達に聞こえる声でお話ができましたか。（◎・○・△）
・友達に質問することはできましたか。（◎・○・△）
・質問して友達の考えがよくわかりましたか。（◎・○・△）

モニター　組　名前（　　　）

・お話のなかみはわかりましたか。（◎・○・△）
・お話を聞いて色丸をつけられましたか。（◎・○・△）
・つぎのトークタイムでがんばりたいことを考えられましたか。（◎・○・△）

各項目に沿って自己評価を各自が行う。
（高学年はメンバー全員がストラテジック・リスニングを意識して振り返るため項目の区別をあえてしていない。）

リスナーとモニターの名前を記入する。
（高学年は区別なし。）

高学年用

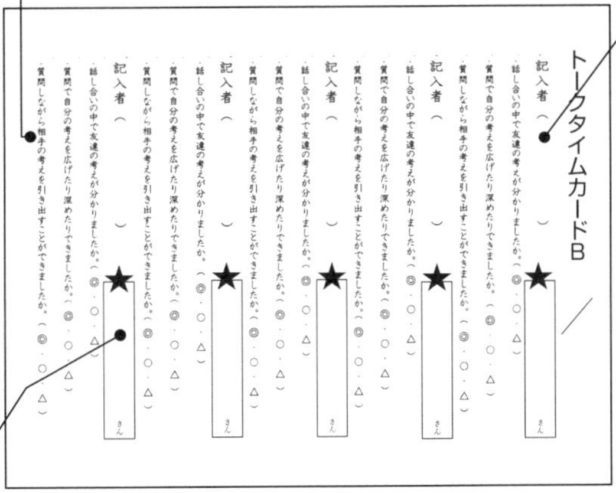

トークタイムカードB

記入者（　　　）
・話し合いの中で友達の考えが分かりましたか。（◎・○・△）
・質問で自分の考えを広げたり深めたりできましたか。（◎・○・△）
・質問しながら相手の考えを引き出すことができましたか。（◎・○・△）
★　さん

記入者（　　　）
・話し合いの中で友達の考えが分かりましたか。（◎・○・△）
・質問で自分の考えを広げたり深めたりできましたか。（◎・○・△）
・質問しながら相手の考えを引き出すことができましたか。（◎・○・△）
★　さん

記入者（　　　）
・話し合いの中で友達の考えが分かりましたか。（◎・○・△）
・質問で自分の考えを広げたり深めたりできましたか。（◎・○・△）
・質問しながら相手の考えを引き出すことができましたか。（◎・○・△）
★　さん

記入者（　　　）
・話し合いの中で友達の考えが分かりましたか。（◎・○・△）
・質問で自分の考えを広げたり深めたりできましたか。（◎・○・△）
・質問しながら相手の考えを引き出すことができましたか。（◎・○・△）
★　さん

記入者（　　　）
・話し合いの中で友達の考えが分かりましたか。（◎・○・△）
・質問で自分の考えを広げたり深めたりできましたか。（◎・○・△）
・質問しながら相手の考えを引き出すことができましたか。（◎・○・△）
★　さん

今回の「トークタイム」で一番「よいきき方」をしていたと思うメンバーの名前を記入する。（記入する際その理由もメンバーに伝えるようにする。よいきき方をまねながらストラテジック・リスニングを体得していくモデリングの効果をねらう。）

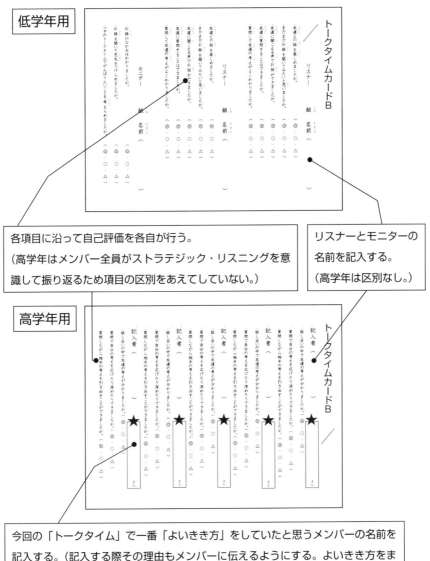

具体的な記入の仕方〈トークタイムカードB〉

「トークタイムカードC」は，「トークタイム」全体のメモで２人目のモニターが記入します。高学年の子ども達が取り組みます。リスナーが話し合った内容のメモがあれば，振り返りの際「あの時の話なんだけど…。」と実際の言葉で具体的に考えられます。実際の言葉での表現と，その言葉を受け取った友達がどう感じていたかを知ることは子ども達にとって非常に大切なことです。日常生活で「自分はそういうつもりで言ったんじゃないんだけど…。」と子ども達はトラブルになることがありますが（先生方もご家庭であるのではないでしょうか），そのようなことが起こる原因は伝え手と受け手の言葉の捉え方にずれがあるからです。ストラテジック・リスニングの取組を通して，言葉の伝わり方を実際の言葉で確かめたり，そのずれを調整したりすることは，子ども達の言葉の感覚を磨くことにもつながります。

また，モニタリングの役割を担う子どもの「正確に聞き取る」力の育ちも期待できます。前節でも述べたように，「訊く」力を下支えするのは「聞く」，「聴く」力です。加えて，素早くメモを取る力や，構造的にメモを取る力も試されます。時にはトークタイムカードCを教師がチェックして，「このメモの仕方がいいな。」と思ったものをコピーしておき，クラスで紹介することもよいでしょう。

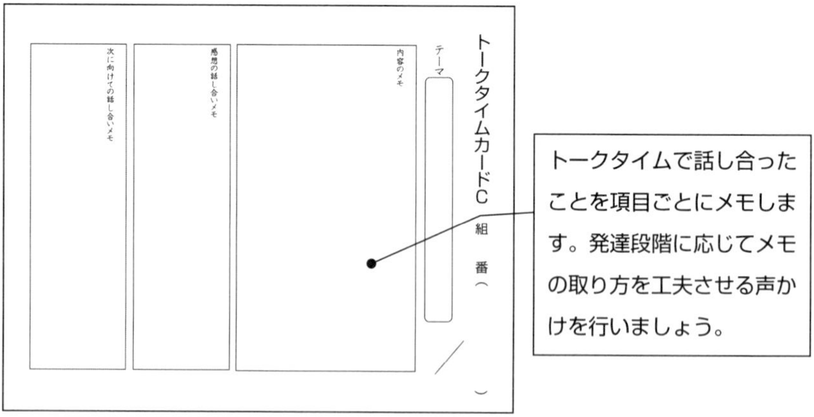

具体的な記入の仕方〈トークタイムカードC〉

❻教師による「よいきき方」の価値付け

ここではストラテジック・リスニングの習得に向かうための声かけを教師が意識的に行います。第３章の実践編では，ストラテジック・リスニングの実践を進める中で，実際に私がどのような子どもの姿に注目し，どのような声かけを行ったのかをまとめています。ストラテジック・リスニングの二本柱に沿ってここでも少しですが紹介したいと思います。

〈きく心を学ぶ〉

・友達の話をうなずきながらきくことで，友達に「あなたの考えをしっかりと受け止めているよ。」と伝えられて安心させることができますね。

・同じ人ばかり話すのもいいけど，できたらみんな話せるように工夫しよう。

〈訊き方を学ぶ〉

・友達の言っていることがわからない時正直に「どういうこと？」って訊くことの方が，わからないままやり過ごすよりも，大切だね。

・相手にどういうことを話してほしいか考えながら質問できるといいですね。

❼「トークタイムカード」「引き出し言葉の表」の回収

最後は忘れず「トークタイムカード」と「引き出し言葉の表」の回収を行いましょう。特にトークタイムカードは，振り返りの文章から「よいきき方」に関わる部分を赤ペンで価値付けて返すことで子ども達に意識させることができたり，スキャンしてデータを蓄積しておいて見返すことで，ある程度長期的なスパンでの子ども達の成長に気付いたりすることができます。

指導のポイント

全学年共通
・トークタイムカードを回収し振り返りの文章に赤ペンを入れて返却することで「よいきき方」を価値付けましょう。 ・記録として手元にためておき，長期的な子ども達の成長も評価し子ども達に伝えてあげましょう。

4 トークタイムテーマ33 （紹介型・対立型・追究型・学習活用型）

ここでは，トークタイムのテーマを一覧にしてご紹介します。この中から「自分のクラスの子ども達が楽しんで対話しそうだな。」「このテーマについての子ども達の考えをきいてみたいな。」と思えるものを選んで取り組むのもいいでしょう。ただ，お伝えしていますように各教室によって事情は様々なので，読者の先生がテーマを考えて設定していくことも大切です。

またテーマを「紹介型」「対立型」「追究型」「学習活用型」に分け，それぞれの難易度も☆で表しています。予測不可能な時代の中で，他者と協同して「納得解」や「最適解」を見つけられる人材が求められる昨今，ストラテジック・リスニングの理論を存分に発揮して「追究型」のテーマで自分たちなりの答えを導き出せるような子どもを育てたいものです。

紹介型　難易度☆

・～は私にまかせて！（得意なこと）
・～は助けてね！（苦手なこと）
・私の取扱説明書について。
・マイブームを紹介します。
・私の家族を紹介します。
・今頑張って取り組んでいること。
・私の親友○○ちゃんについて。
・私の宝物を教えてあげます。
・私の好きな科目
・毎日食べたい！理想の給食
・今はまっているテレビ
・自分のクラスにキャッチコピーをつけよう。
・生まれ変わったらなりたいもの。

対立型　難易度☆☆

・宿題は必要か不必要か。
・休日に行くなら山か川か。
・朝ごはんはパンかご飯か。
・遊ぶなら屋内か屋外か。
・飼うならネコか犬か。
・学校は制服がいいか私服がいいか。
・住むなら都会か田舎か。

追究型　難易度☆☆☆

・子どもと大人の違いって？
・どうして勉強しないといけないの？
・どうしてケンカしたらいけないの？
・どうして子どもは働いてはいけないの？
・話したくなる人ってどんな人？
・優しい人ってどんな人？
・理想のクラスとはどんなクラスか。

学習活用型　難易度☆～☆☆☆

・「くじらぐも」のお話の続きを一緒に作ろう。
・「スイミー」のセリフを一緒に考えて付け足そう。
・（「すがたをかえる大豆」の学習後）昔の人の知恵を一緒に考えよう。
・「ごんぎつね」はハッピーエンドかバッドエンドか。
・（「大造じいさんとガン」の学習後）紹介！動物が出てくるおススメのお話
・「やまなし」のクラムボンの正体とは。

5 ＋αで行う日々のちょこっと指導7

ここまで第２章ではストラテジック・リスニング体得のための学習プログラム「トークタイム」の指導の具体を説明してきました。ただ，ストラテジック・リスニングの指導は日々の様々な場面で行うことができます。逆に言うと，そのような日々の「ちょこっと指導」こそが大切なのです。「ちょこっと指導」の中に，ストラテジック・リスニングを大切にする教師の願いをそっと忍ばせましょう。そうすることで，子ども達の中に「きくこと」を大切にしようとする人間性や，相手から考えを引き出そうとする技術を自然と身に付けさせることができます。

【ちょこっと指導①】「発表はきいてくれている人に届けるように！」

学習中，子ども達が挙手をして立ち上がり自分の考えを発表する時がありますよね。そんな時こういう子どもはいませんか。

・ぼそぼそと小さな声で何を言っているかわからない。
・早口で聴き取れない。
・だらだらと似たような内容をしゃべり続ける。

このような発表をしている子どもを見たらすかさず「○○さん，発表はきいてくれている人に届けるようにするのですよ。今の発表だと，おそらくきいている人には伝わっていません。もう一度お願いします。」と声をかけてあげましょう。発表を含め，誰かに何かを伝えるという行為には，相手が必要です。受け取ってくれる相手がいなければ，独り言ですよね。自分の発表にはきいてくれている「相手」がいて，その人に「伝える」ということを意識させることが大切です。

【ちょこっと指導②】「発表する人を大切にできていますか？」

こちらの指導は，反対に発表を受け取る側への指導です。私は教室内での立ち位置を場面によってよく変えます。例えば声が小さくもじもじしている子が発表する場合，すぐ横に立って「うんうん。」とうなずきながら勇気付けるようなきき方をします。そのような関わりを積み重ね，少しずつ自信がついてきたなと思えばわざと教室内で子どもと対角の位置に立ち，遠くを見て発言することを覚えさせます。自信のない子にとって支えとなる教師の存在は大きいので，どうしても教師の位置を確認しながら話します。教師が対角の位置にいることで，自然と目線が遠くに向けられるのです。

これを応用した指導が，第１章でも少しご紹介したような発表者の後ろに立ち，きき手の目線を発表者に集めるというものです。「話している人の方を見て話をきくということが相手を大切にするということ」を指導すると同時に，発表している子どもには「こんな風にあなたを見ているこの状態が『きいているという状態』なんだよ。」と伝えます。発表者は，目線を通して「きく」ということを実感することができるのです。

【ちょこっと指導③】「先マル始めまぁ～す！」

中間休みや昼休みの後の授業は，どこか子ども達に落ち着きがないですよね。休み時間の楽しかった空気感を引きずり，ひどい場合には「○○君，まだ帰ってきていません。」とか「みんながざわざわして授業に集中できません！」などの状態になってしまいます。そして先生は「休み時間と学習のけじめをつけなさい！」とお小言を言う羽目になります。学習のスタートがそんな注意から始まるのは子どもも（もちろん教師も）いやですよね。そんな時におすすめなのがこの指導です。私はそのような長い休憩の後に「聞き書き」の訓練を兼ねて「先マル」と題し，今日の出来事や連絡を連絡帳に短く書かせます。宿題は「し」に丸を付けて「しマル」，持ち物には「も」に丸を付けて「もマル」と省略して連絡帳に書かせる読者の先生も多いのではないでしょうか。先生からの連絡なので「先マル」というわけです。子ども達は聞き漏らしてしまうと，家に帰って明日の連絡や宿題がわからないとなってしまうのでもう必死にきいています。教師が何も言わなくても教室に静かな雰囲気と集中力が生まれます。「今日授業で活躍した○○さんについて」

「今クラスで楽しみながら取り組んでいること」などもテーマになるので，ちょっとした学級通信のような役目も果たし，一石二鳥です。

【ちょこっと指導④】「今日の校長先生のお話は？」

集会の時に校長先生にお願いをして，「今日の校長先生のお話は，〇つのことを話します。」と，話題の数を明示しながら話してもらいます。そして教室に帰った後，「今日の校長先生のお話は？」と子ども達に問いかけるのです。初めのうちはあまり覚えていない子どもも多いでしょう。そこで「校長先生は〇つのことをお話していましたか？」と話題の数に着目させ思い出すように声をかけましょう。そうすると「たしか３つって言ってたな…。」「１個目は思い出した！」などと徐々に記憶がよみがえってきます。すかさず子ども達に「校長先生みたいに『〇つ話します』と言うことで聞き手が話を受け取りやすくなるね。」と伝え，話し手の工夫と聞き手の理解がつながっていることを，実感を伴ってわからせてあげるのです。「今度から自分が話す時には〇つかをはっきりさせてみよう。」となればしめたものです。自分の話し方をただ考えさせるのではなく，聞き手を意識して話し方を工夫させるところがストラテジック・リスニングにつながるポイントです。

【ちょこっと指導⑤】「さっきの〇〇さんの意見どう思う？」

学習の中で，あんまり人の話をきいていない（ように見える）子どもがいます。まず，「しっかりと聞いています」という態度を示すことは大切なことなので，それは子どもに伝えましょう。よく「聞いていないような態度だけれど，頭の中ではしっかりと理解している子どももいる。なので態度を指導するのはよくない。」という先生がいます。ストラテジック・リスニングの観点から言えば，間違いです。話し手がどう感じるかということも考え，態度から「きく」ことを表現しないといけません。いくら頭の中では理解していても，見た目として不誠実なきき方だと，話す方も気分が悪いですよね。これでは相手から考えを引き出す「訊く」など実現できません。

そこで誰かが発言した時に，「□□さん，さっきの○○さんの意見だけど，どう思う？」とこちらから誰かを指名して，○○さんの発言に対する評価をしてもらいます。そうすることで「話をしっかりきいていないと賛成か反対かすら言えない。」という意識が子どもの中に生まれ，「話を聞きなさい！」と教師が言わなくても自然と子どもが，友達の考えを評価しながらきくようになります。毎回やるのでなく，思い出した時に間隔をあけて声をかけるのがポイントです。ストラテジック・リスニングは子ども達の一生に関わる財産です。焦らず粘り強く指導していきましょう。

【ちょこっと指導⑥】「登場！『なんでなんで先生』！」

私は学習中「なんでなんで先生」に変身します。子どもの発言に対して「なんで？」「たとえば？」「つまり…？」と，「引き出しことば」を使って子どもに訊くのです。「うわぁ～！また『なんでなんで先生』や！」と言いながらも，子ども達はどこかうれしそうです。そして教師の「訊く」で情報が引き出せたら，黒板に色を変えて板書をしたり，「質問すると◇◇さんの考えがより深くわかってよかった！」と言ったりして，相手から考えを引き出す「訊く」力の存在を価値付けるのです。

【ちょこっと指導⑦】「自分はそういうつもりがなくても…」

子ども同士がもめてトラブルになる時，「ぼくは相手を嫌な思いにするつもりじゃなかったんだ！」という発言があります。そんな時にこのちょこっと指導です。「自分はそういうつもりがなくても，相手が嫌に受け取ったなら，それはあなたの責任です。話す前に，『相手は嫌な思いをしないかな。』と，想像する責任が話し手にはあるんですよ。」と，受け取る側を意識する大切さを教えましょう。ストラテジック・リスニングのポイントは，他者との関わりの中で「きく心」を育てたり，「訊く」技術を学び駆使したりすることです。コミュニケーションにおける相手の存在を理解させるよい機会ですね。

第 3 章

実践編

学習プログラム「トークタイム」の実践事例

低学年 1

わたしのすきなキャラクター

【学年】小学２年生　【実施時期】６月
【時間】朝学習の 15 分
【準備物】■トークタイムカードＡ・Ｂ（低学年用）　■引き出し言葉の表
■座席の形カード（低学年用）

1 テーマ設定について

テーマを「わたしのすきなキャラクター」としました。低学年の子ども達にとってこれほど魅力的なテーマはないでしょう。紹介する実践は，学習プログラム「トークタイム」を導入してまだ間もない６月に２年生と行ったものです。この時期の子ども達には，何よりもまず対話することは楽しいと思ってほしい。そのためには「トークタイム」に参加するどの子どもも話したい内容を持っておくことが重要です。「キャラクター」はその点でうってつけです。そして友達はどんなキャラクターが好きなのか，自然と耳を傾けたくもなります。高学年になると話し合いの中でテーマに興味を持つこともありますが，低学年はそううまくいきません。興味があることには楽しんで取り組みますし，反対に興味がないことにはわかりやすく取り組む姿勢を見せてくれません。そういう意味で低学年の子ども達にとっては，特にテーマ設定が重要になってくるのです。

2 実際の子どもの発言・指導のポイント

「わたしのすきなキャラクター（アニメ）」というテーマについて，子ども達はいったいどのような発話を行ったのでしょうか。実際の発話記録を示すと同時に，その発話を「きく」力の育ちという観点で分析すると，どこに教師としての指導のポイントがあるのかということを見ていきたいと思います。分析を加えながら子ども達の発話を見ていくことで，子どもの姿を「みとる

（ききとる）」力が教師に養われます。普段の教室で子どもが教師に見せてくれる姿も，みとる力が教師に養われればまた違った風景となるでしょう。

以下の発話記録の内，ＡとＢがリスナーでＣがモニターです。表の中の番号は発話のまとまりと順番を表しています。まず子ども達が話した全体の内容をお示しします。その後網掛け部分を取り出して分析し，実際の学習場面でどのような声かけを私が行ったのか明らかにしたうえで，１～３年生，４～６年生と分けながら本章では「指導のポイント」としてまとめていきます。

❶全体の対話内容

番号	話者	対話の内容
1	A	私の好きなキャラクターはドラえもんです。
2	B	どうしてですか？
3	C	（トークタイムカードの記入が追い付かず）待って…。
4	A	かわいいから好きです。
5	B	他にドラえもん以外のやつとかで好きなキャラクターはいますか？
6	A	えええっと…。
7	A	クレヨンしんちゃんが好きです。
8	B	どこらへんがですか？
9	A	えええっとね…。
10	A	おしりを出すところです。
11	B	どうしてそこがおもしろいと思ったんですか？
12	A	えええっとね…。
13	C	Ｂさん，どうしてめっちゃ使ってる…。
14	B	何か（引き出し言葉を）使った？　Ａさん。
15	C	まだ（Ａさんは使っていない）。質問したら？
16	A	じゃあＢさんいく？　今度。
17	A	Ｂさんどうぞ。

18	B	ぼくの好きなキャラクターは…。
19	B	例えば，例えば〜…。
20	A	例えば？
21	B	ウィスパー！
22	B	なぜかというと〜…。
23	B	白くて頭がくるくるだからです。
24	A	どうして好きになったんですか？
25	B	え？　あいつ？　頭もかっぽん割れるし一生死なへんし…。
26	B	真っ白でへんな歌歌うし〜…。
27	C	例えばはむらさき…。
28	A	他には好きなキャラクターはありますか？
29	B	他に好きなキャラクター？
30	B	えぇっと〜…。（ここで終了）

❷Aが考えを述べている場面

番号	話者	対話の内容
1	A	私の好きなキャラクターはドラえもんです。
2	B	どうしてですか？
3	C	（トークタイムカードの記入が追い付かず）待って…。
4	A	かわいいから好きです。

まず1でAがテーマに対する考えを簡潔に述べています。低学年では，話題に沿って話せる力も重要ですね。すかさずBが「どうしてですか？」と訊きます。ここにBの「ドラえもんが好きな理由をききたい。」という意図がはたらきます。ねらいをしぼって引き出す，これこそストラテジック・リスニングの出発点です。「どうして？」という言葉をもしBが持ち合わせていなければ，「私の好きなキャラクターはドラえもんです。」「ふぅ〜ん。」で終わってしまいます。ここに「訊くこと」のよさがあります。

「トークタイム」導入間もないころですので，Cは色丸を付けることに苦労しています。ですが，Ｂの「どうして？」という言葉に反応できているという証拠でもあります。このように話される言葉，とりわけ「引き出し言葉」に着目できることもまたストラテジック・リスニングでは重要なことです。教師も子どもも，モニターの育ちを焦らず待ってあげたいところです。

４番でＡが「かわいいから好きです。」と好きな理由を答えています。ここまでの一連の流れを振り返ってみますと，Ｂの引き出し言葉のおかげで，Ａはドラえもんが好きな理由も含めて，考えを表現できたということになります。うまくＢがＡの考えを引き出せています。導入間もないこの時期にも，子ども達からは相手から考えを引き出すというストラテジック・リスニングの「芽生え」をみることができるのです。

指導のポイント

１～３年生
・「質問で考えを引き出せた！」ということを何よりまずほめてあげましょう。

❸ＡがＢに訊かれて好きなキャラクターについて説明している場面

番号	話者	対話の内容
7	A	クレヨンしんちゃんが好きです。
8	B	どこらへんがですか？
9	A	ええっとね…。
10	A	おしりを出すところです。
11	B	どうしてそこがおもしろいと思ったんですか？
12	A	ええっとね…。
13	C	Ｂさん，どうしてめっちゃ使ってる…。

Ｂは引き出し言葉を駆使して相手に訊くことが上手です（おしりを出すところがなぜおもしろいのかと聞かれたＡの答えにくさには同情しますが）。「訊く」ことは時に相手を追い詰めてしまうことにもなりかねません。そのような相手意識を育てることも「トークタイム」の重要な役目なのですが，

自分のことで一生懸命の低学年の子ども達には，なかなか相手意識という考え方は伝わりにくいというのが実感です。学年が上がるにつれて，徐々に教師からはたらきかけていきたい部分です。

指導のポイント

全学年共通
・質問しすぎると相手はかえって困ってしまいます。相手の気持ちに寄り添えることも「きく」力だということを教えましょう。

❹Aの引き出し言葉の使用量が少ないことにBが気付いた場面

番号	話者	対話の内容
14	B	何か（引き出し言葉を）使った？　Aさん。
15	C	まだ（Aさんは使っていない）。質問したら？
16	A	じゃあBさんいく？　今度。
17	A	Bさんどうぞ。

ここでは，対話の「対称性」に関する気付きが生まれています。つまり，「片方の子だけがしゃべっていない」ということです。子ども達のグループ対話を近くで聞いていると，１人の子だけがひたすらしゃべっている場面によく出くわしています。一見すると活発な様子ですが，話していない子どもは上の空であることも多いです。CはAがまだ十分に「引き出し言葉」を用いて訊いていないことに気付いています。「引き出し言葉」という視点で対話の見える化を図ったことと，モニタリングという役割を設定していることが低学年の子どもでも対話をメタ認知することを可能にしています。

指導のポイント

1～3年生
・話している人が偏らないようにしましょう。「話していない人」に気付けることもストラテジック・リスニングでは重要です。

❺Bが自分の好きなキャラクターについて説明する場面

番号	話者	対話の内容
17	A	Bさんどうぞ。
18	B	ぼくの好きなキャラクターは…。
19	B	例えば，例えば～…。
20	A	例えば？
21	B	ウィスパー！
22	B	なぜかというと～…。
23	B	白くて頭がくるくるだからです。

ここではBの発言に着目したいと思います。Bのすごいところは，Aから訊かれる前に先に自分自身に問いかけているところです。19番では，「例えば？」と訊かれる前に自分で「例えば…。」と自分の言葉を引き出しています。「引き出し言葉」が先行し，それに導かれる形で自分の考えが生み出されていきます。また，22番では自分の好きなキャラクターを答えた後，すかさず「なぜかというと～。」と言葉を続けています。おそらくBの心の中では，もう1人のBが「どうして？」と訊いたはずです。「引き出し言葉」を駆使して他者に訊く学習を積み重ねていく中で，先回りして自分に「訊く」ことができるようになるのです。「自分の考えを言った後になぜなら，と理由を述べましょう。」と子どもに指導し，教室の壁に話型指導として「～です。なぜなら…からです。」というカードを貼ることがありますよね。そのようなことをせずとも「トークタイム」でストラテジック・リスニングを学ぶことで，自然と相手に考えを伝えるための話し方が身に付いていくのです。

指導のポイント

全学年共通

・「訊く」ことが上達すれば，自分に「訊く」こともできるようになります。自問自答を繰り返し練り上げられた考えと発言方法が，自然と生み出され身に付いていくのです。

低学年 2

優しい人ってどんな人？
（振り返り）

【学年】小学２年生　【実施時期】９月
【時間】朝学習の 15 分
【準備物】■トークタイムカードＡ・Ｂ（低学年用）　■引き出し言葉の表
■座席の形カード（低学年用）

1 テーマ設定について

今度は「優しい人ってどんな人？」というテーマの「トークタイム」です。ここで紹介するのは，話し合った後の振り返りでの子ども達の発話記録です。途中私も声をかけつつ話し合いに入り，今後に向けた改善策を子ども達と共有しています。「トークタイム」は子ども達がテーマについて話し合う時間と，話し合いを振り返る時間のセットで指導を進めていきます。

2 実際の子どもの発言・指導のポイント

❶全体の対話内容

番号	話者	対話の内容
1	A	（トークタイムカードの丸の数が）同点や！
2	B	先生同点！
3	B	（トークタイムの振り返りの視点が）二重丸かな？
4	A	二重丸お願い！
5	B	Ａちゃん（振り返りの文章の内容を）どうする？
6	A	全部◎がうれしかったです。
7	B	そんなことじゃなくてさ。
8	B	もっとがちがちにならずに軽やかに言ってください，とか。
9	A	もっと，ロボットにならずに，普通にしゃべってるみたいに，トークタイムをしゃべったらいいと思いますって書こう！

10	B	スムーズにってことやな。
11	A	しゃべれるようにしたいです，かな。
12	B	頑張りますじゃない？
13	T（教師）	この振り返りでOK？　Aちゃんだけが考えてるんじゃなくて？　これもトークタイムの続きやで？　しゃべれるようにって書いてるけど，例えばどんなことしたらしゃべれるようになるの？
14	C	先に考えとく。
15	T	話す前に話すことを考えとくってことかな？
16	C	（Cはうなずく）
17	T	じゃあその考えをみんな採用でいいんかな？
18	B	うん！
19	T	じゃあそのことも書いてみよう！

まず1番や2番で子ども達が「引き出し言葉」を駆使してたくさん訊けたことを喜んでいるのがわかります。何度もお話しているように，対話することへの「喜び」や「楽しさ」をつかませてあげることがストラテジック・リスニングの出発点です。

❷トークタイムカードの書き方について対話する場面

番号	話者	対話の内容
6	A	全部◎がうれしかったです。
7	B	そんなことじゃなくてさ。
8	B	もっとがちがちにならずに軽やかに言ってください，とか。

二重丸か丸か三角か，というような記号にしばられるのではなく，「なぜそのような評価をしたのか」が大切です。Bのように，具体的な振り返りができることを認め価値付けていきましょう。グループの中にBのような考えが生まれておらず，どうしても記号に執着してしまう場合は教師が声をかける必要があります。

指導のポイント

全学年共通
・「なぜそのような評価をしたのか」という理由が大事です。グループで具体的な振り返りができるよう教師は見守り，適宜声をかけましょう。

❸教師がグループの振り返りに加わる場面

番号	話者	対話の内容
13	T（教師）	この振り返りで OK？　A ちゃんだけが考えてるんじゃなくて？　これもトークタイムの続きやで？　しゃべれるようにって書いてるけど，例えばどんなことしたらしゃべれるようになるの？
14	C	先に考えとく。
15	T	話す前に話すことを考えとくってことかな？

低学年にかかわらず，子ども達だけではうまく「きき方」を振り返ることができないことがあります。よく考えてみれば当然なことで，大人でも普段自分の「きき方」を意識することは少ないので，子どもならなおさらなのです。なので，教師が子ども達の振り返りの場面に加わっていき，「よいきき方」について考えるヒントを与えることは重要です。個人やグループ，時にはクラス全体でも「よいきき方」について考える機会を設けましょう。

ここでは，「ロボットにならず普通にしゃべれるようにしたいです。」というグループの振り返りに加わりました。つまり「自然な」テンポや口調で対話をしたいという子ども達の願いです。どうしてもうまく話そうと意識してしまう，そうするとどこか自分の言葉ではないような話し方になってしまう，ということでしょう。しっかりと自分たちの話し方をモニタリングできているなと感心しました。ですが，せっかくしっかりと自覚できているならば，その改善策も同時に考えたいものです。実行，振り返り，改善，実行…の繰り返しが子ども達のストラテジック・リスニングを鍛えます。そこで私は「しゃべれるようにって書いてるけど，例えばどんなことしたらしゃべれるようになるの？」と子ども達に訊きました。Cは考え「先に考えとく。」という考えを導きました。事前にテーマについて考えておくことで，話す内容に余裕が生まれその余裕が話し方にも影響するだろうと考えるわけです。

どうですか？　2年生でもよく考えられているでしょう。ちなみにこれは今私が勤めている大学附属の小学校ではなく，公立の小学校の子ども達の発言です。よく「附属の子どもだからできることでしょ。」というお言葉をいただくことがありますが，全国どこの教室でもストラテジック・リスニングに取り組むことが可能であるとこの事例は教えてくれます。このグループの子ども達の振り返りを，この後クラス全体に紹介しました。徐々にですが，自然な話し方ができるようになっていきました。「学習」というフィルターがはたらくと，どうしても子どもの言葉はどこか「よそいき」なものになってしまいます。公の場で話す時はそれも必要ですが，グループで話し合う時には話し方に気を付けるのではなくて，話の中身を大切にしてほしいと思います。そのようなことをクラス全体に広げてくれた，モニタリングを生かした子ども達の素敵な振り返りでした。

指導のポイント

全学年共通
・「自然な」対話を心がけましょう。 ・適宜振り返りに教師が加わり「よいきき方」を価値付けましょう。

3　実際に子どもが書いた「トークタイムカード」

これは別のテーマで「トークタイム」を行った時の「トークタイムカード」です。まずお断りをしておかなければいけないのは，第2章や第4章で示している「トークタイムカード」と形式が違うことです。この学年で実践を行ったのは今から3年前です。この間，ストラテジック・リスニングに取り組む子ども達の姿に学びながら，少しずつ「トークタイム」にも修正を加えていきました。この時は，1枚の「トークタイムカード」で「引き出し言葉」の記録と自己評価を行っていました。ですので，第４章で示している「トークタイムカード」や「引き出し言葉の表」も今後子ども達の実態に合わせて変更していくかもしれませんし，読者の先生方もぜひ目の前の子ども達に合ったものへと改善を加えていっていただきたいのです。

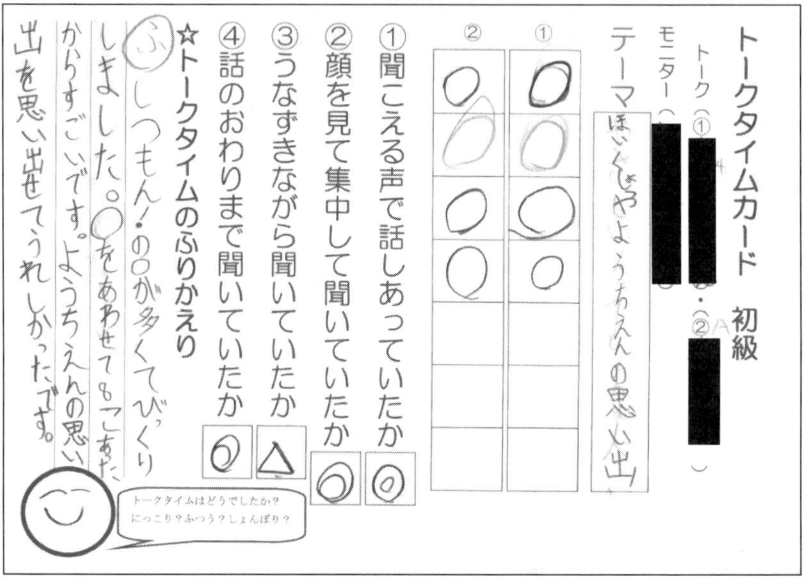

「ようちえんの思い出を思い出せてうれしかったです。」という振り返りには，このグループの対話に関わる満足感が表れています。このような思いを土台に，低学年では「訊くと相手が教えてくれる」という楽しさを味わわせていきましょう。

中学年 3

大人になるってどういうこと？

【学年】小学４年生　【実施時期】１月
【時間】朝学習の 10 分
【準備物】■トークタイムカードＡ・Ｂ（中学年用）　■引き出し言葉の表
■座席の形カード（中学年用）

1 テーマ設定について

小学校４年生は年齢で言うと 10 歳になります。ちょうど 20 歳，成人の半分ですね。読者の先生方の学校でも，「二分の一成人式」をされているところもあるのではないでしょうか。そこで子ども達に「大人になるってどういうこと？」をテーマに「トークタイム」を実施しました。「子どもみたいな大人が増えたことによる問題」「子どもの心を忘れた大人」というフレーズを引き合いに出しながら，20 歳の半分を迎えた 10 歳の４年生にこのテーマについて考えてもらいました。

2 実際の子どもの発言・指導のポイント

❶全体の対話内容（リスナー：Ａ・Ｂ・Ｃ　モニター：Ｄ・Ｅ）

番号	話者	対話の内容
1	A	私は大人になるっていうことは新しい世界の第一歩と思って，子どもと大人って考えたら大人になる第一歩って考えました。
2	B	新たな世界？
3	A	そう。新たな世界を踏み出す感じでもあるし…。
4	B	新たな世界って例えばどういう世界？
5	A	えっと，…大人の世界。
6	B	大人の世界ってどういう世界？

7	A	え～。大人の世界…例えばBさんはどう思いますか？
8	B	ぼくだったら例えば…お酒が飲めるとか運転できるとか。他にも大人の世界ってある？
9	A	いろんなことが大人になったらできますよね？　だからそういう感じが大人への第一歩。
10	C	ぼくが考えたのは，例えば携帯の利用制限とかなんですけど，子どもの時は教育をされた側だったけど，大人になったら教育をする側になって。重みがあるというか…その…。
11	A	責任感？
12	C	そう。責任感。
13	A	じゃあ大人になるってことは責任感が高まるってことですか？
14	C	そういうこと。
15	B	じゃあぼく言うな。大人になったらいろいろなことに責任がかかるじゃないですか。だから，責任が多くなってやらないといけないことが多くなってしまうけれど，でも自由にもできるから，自由の中でやらないといけないことを最優先にしていかないといけないと思う。
16	C	自由ってどういうこと？
17	B	今は例えば親が料理を決めて出してくれてるじゃないですか。だけど大人になったら自分で決めて作っていかないといけないとか。自分の好きなことはできるんだけど，それだけじゃないというか…。
18	A	私のお母さんもBさんとCさんみたいに責任感は大切って言ってた。あとお母さんは計画性も大切って言ってたよ。

中学年になると一人ひとりの発言が低学年と比べて長くなります。学年が上がるごとに「きく」力も必要になりますし，「きく人のためには，わかりやすく話さないといけない。」という「話す」力も必要になります。中学年

では「こんなきき方がいいな。」という具体的なストラテジック・リスニングの技術を，実際の対話場面の中で指導することが重要になってきます。ただ，これまでわたしは「トークタイムカード」を低学年と高学年で使い分けてきました。中学年を低学年から高学年へと緩やかに移行する段階と位置付けているからです。したがって低学年のように，「友達の考えをきくのって楽しい！」という満足感や楽しさを味わわせつつ，徐々にストラテジック・リスニングの具体的な技術を指導していく必要があります。

❷Aに対してBが訊いて引き出す場面

番号	話者	対話の内容
1	A	私は大人になるっていうことは新しい世界の第一歩と思って，子どもと大人って考えたら大人になる第一歩って考えました。
2	B	新たな世界？
3	A	そう。新たな世界を踏み出す感じでもあるし…。
4	B	新たな世界って例えばどういう世界？
5	A	えっと，…大人の世界。
6	B	大人の世界ってどういう世界？
7	A	え～。大人の世界…例えばBさんはどう思いますか？

ここでは，Aの「大人になるってこと＝新しい世界の第一歩」という考えに対してBが何度も訊いています。おそらくAは話し始めた段階ではあまり考えが固まっていなかったのではないかと思います。「大人になるってこと＝新しい世界の第一歩」という抽象的な意見になってしまっているのも理解できます。そこに２番と４番と６番で，Bから問われることでAは何とか答えようとするのですが，うまく答えることができません。逆に７番でAはBに対して質問をすることになります。

このやり取りを見ていた私は後でクラス全体にこのような話を紹介しました。「今日のテーマは難しかったですね。なかなか考えがまとまっていない状況で話し始めた人もいるようです。そういう人にとって質問されるということはもしかしたら，苦しいものかもしれません。だけど，考えを変えてみましょう。質問されることであやふやだった自分の考えが定まっていくのです。逆に訊く側の人は，『答えられないのね』と相手を悪く思うのは絶対にやめましょう。これは先生との約束です。そうではなくて，相手の心の底にある考えの理由を質問で引き出すことで，相手が考えやすいようにしてあげよう，と思ってほしいです。そうすると逆の立場になった時も助けてもらえます。同じ学級で学習するのでせっかくだったら１人では持てないような意見を創り上げましょう。」ややもすれば「質問を受けること＝未熟であること」と考えてしまいがちです。質問されないように理論武装したり，あらかじめ質問を想定してうまくやり過ごそうとしたり，大人たちはそうしがちですよね。だけどストラテジック・リスニングは違います。きき合う中で考えを作り出すのです。なので相手を追い詰めるようなきき方をしないためにも「きく心」が必要ですし，相手から考えを引き出す「訊く」技術も必要なのです。

写真左がモニターの子ども
写真中央がリスナーの子ども
写真手前の子どももリスナーです。
しっかりと話をきいています。

指導のポイント

４～６年生
・訊くことで「ともに考えを創り上げる」という姿勢を育てましょう。

❸「〜ってこと？」という引き出し言葉でAが訊いている場面

番号	話者	対話の内容
10	C	ぼくが考えたのは，例えば携帯の利用制限とかなんですけど，子どもの時は教育をされた側だったけど，大人になったら教育をする側になって。重みがあるというか…その…。
11	A	責任感？
12	C	そう。責任感。
13	A	じゃあ大人になるってことは責任感が高まるってことですか？
14	C	そういうこと。

ここでもAの「訊く」力が発揮されます。11番の「責任感？」や，13番の「じゃあ大人になるってことは責任感が高まるってことですか？」という「〜ってこと？」という「引き出し言葉」には，対話場面においていくつかの効果があります。大人でも，うまく「〜ってこと？」と訊ける人が対話のグループにいると，それだけで話し合いがしっかりとしたものになります。

引き出し言葉「〜ってこと？」の効果

①自分の理解があっているか確認できる。（互いの理解のずれを修正することができる）

例：「○○さんが言っているのは〜ってこと？」

②相手の考えをより明確にできる。

例：Aさん「〜ってこと？」Bさん「そうだよ！　僕の考えは〜ってことだよ！」

③「あなたの考えを理解しながらきいていますよ」と相手を勇気づけることができる。

例：Aさん「〜ってこと？」Bさん「そうそう。（ぼくの考えがちゃんと伝わってるなぁ。ほっとした。）」

Aが「～ってこと？」と訊くことでCの考えの輪郭がはっきりしてきます。このような姿が見られた時も，子ども達にはしっかりと価値付けてあげましょう。普段の学習では，意外と教師がこの「～ってこと？」という声かけを子どもに行っている場合が多いです。教師もおそらく意図的に（もしかしたら無意識に），子どもに「～ってこと？」と問うことで，考えをはっきりさせようとしているのでしょう。学習中に教師が「～ってこと？」と訊いた場合は，子ども達にその効果を実感できるチャンスです。「今先生は○○さんに『○○さんの考えは～ってこと？』と訊いたよね。そうすると○○さんから，もっとわかりやすい考えが返ってきました。「～ってこと？」と訊くことで相手の考えがより詳しくわかったり，自分の理解があっているか確認できたりして便利ですよ。あと，訊かれた側にも『一生懸命ぼくの話をきいてくれているな。』と安心させてあげられますね。訊かれる側もうれしいんです。」と。

指導のポイント

4～6年生
・「～ってこと？」という「引き出し言葉」は相手の考えを確認したり，はっきりさせたりと非常に効果的です。 ・教師も意図的に学習場面で「～ってこと？」と問い，その効果を子ども達に実感させましょう。

❹Aが家族から得た情報を他のリスナーに伝える場面

番号	話者	対話の内容
18	A	私のお母さんもBさんとCさんみたいに責任感は大切って言ってた。あとお母さんは計画性も大切って言ってたよ。

この発言に私はうれしくなってしまいました。Aは家でもこのテーマについて話してきたようです。「大人になるってどういうこと？」という，大人でも簡単に答えが出せそうにないテーマについて，親子で語り合っている様

子が目に浮かびます。しっかりとお母さんとの対話が生きているからこそ，「私のお母さんもＢさんとＣさんみたいに責任感は大切って言ってた。」と，ＢやＣの考えもお母さんと共通していることがＡにはわかったのです。新学習指導要領国語科では，知識・技能に「情報の扱い方に関する事項」が新設されました。言うまでもなくストラテジック・リスニングの取り組みは，対話の中で次々と生み出される音声言語の情報をどう扱うかということが重要になってきます。「共通点」や「相違点」，「考え」とそれを支える「理由」，「因果関係」などは，すべてストラテジック・リスニングを軸にした対話の中で追究することが可能となります。今後これらへの意識を高めていくことは，国語科の指導の中でもさらに重要となっていきそうです。

指導のポイント

４～６年生
・テーマについて家庭で語り合うことも進めてみましょう。 ・「情報の扱い方」という視点も意識し，「共通点」や「相違点」，「考え」とそれを支える「理由」などに着目しきいている子どもの姿を全体でも価値付けていきましょう。

次に紹介するのは，このグループの振り返りです。高学年になればなるほど，振り返りの時間を大切にしたいものです。なぜならこの振り返りの時間に「きくこと」についてのメタ認知的な思考が深まるからです。そのような姿を教師が捉え，クラスで価値付けていくことを意識しましょう。

中学年 4

大人になるってどういうこと？（振り返り）

【学年】小学４年生　【実施時期】１月
【時間】朝学習の 10 分
【準備物】■トークタイムカードＡ・Ｂ（中学年用）　■引き出し言葉の表
■座席の形カード（中学年用）

1 テーマ設定について

次は先ほど発話の内容を紹介したグループの振り返りです。時間にして３分ほどですが，しっかりと個人が考えた意見をグループのメンバーに伝えることによって，「トークタイム」を振り返っています。このグループの振り返りのよいところは，「大人になるってどういうこと？」というテーマそのものの深まりに加え，「ストラテジック・リスニング」の深まりにも気付けているところです。「質問」を駆使することが内容の深まりにもたらす効果や，「質問」することへの達成感などが語られています。

2 実際の子どもの発言・指導のポイント

❶全体の対話内容

番号	話者	対話の内容
1	D	みんなの意見を聞いていてみんないろんな意見が出たけど，えっと，ほとんどみんなが言っていたのは責任感が高まるとか，責任を持つってことで，自由にできるけどそこを考えないといけないということでした。みんな１人が話した意見に質問がしっかりできていてよかったです。
2	E	前の時は全員が質問できたわけじゃなかったけど，今回は全員が質問できてよかったです。今回は出なかった質問の仕方も，今度はチャレンジしてみたいです。

3	A	話してて，みんなが質問してくれたのですごいスムーズに話しやすかった。
4	B	前は意見が全部言い切れなかったけど，今回は全部言えて，しかも質問をみんなしてくれたから，大人になるって考えが深まりました。
5	C	今回はリスナーが質問してくれたり，自分がそう思っていても周りのみんなが違うって思ったらちゃんと注意してくれたからよかったと思いました。

Dはモニターの役割の子どもです。A，B，Cの対話をじっとききながら，振り返りの場面で３人の対話がどうであったかを話しています。３人の話を受けてつまりこういうことでした，とまとめる力は非常に大切です。拡散的，つまり話の内容を広げてばかりでは，１つの答えにたどり着いていきません。もちろん友達の考えをききながら，グループ全体の意見を広げるということは重要です。しかし，今回のテーマのように「大人になるとはどういうことか」というような，ある一定の方向性が見えているようなテーマの場合には，収束的，つまり１つにまとめていくような声かけや考え方をしていく必要があります。そういう意味では，モニターであるDの発言は非常に価値が高いものです。３人の話を受けて，「自由と責任のバランスをとること」という結論を導いているからです。このように対話には拡散的な展開と収束的な展開があります。ストラテジック・リスニングでは，考えを広げることが目的なのか，考えを深めていくことが目的なのか，それぞれを意識して使い分けられるようになることも大きな目標の１つです。テーマを子どもに伝える時に，「今日のテーマでは，みんなで意見をきき合って考えを広げてみよう。」や「今日のテーマでは，みんなで意見をきき合って考えを深め１つの答えにたどり着こう。」など，拡散的な展開を目指すのか，収束的な展開を目指すのか，初めのうちは教師から指示してあげましょう。ゆくゆくは，そのような声かけがなくても「このテーマだとまずは考えを広げてから，その後に答えをみんなで決めていこう。」などと，両者を使い分けられるようにします。

指導のポイント

4～6年生
・考えを広げるための拡散的な展開，考えを深めるための収束的な展開，それぞれのよさを子ども達に意識させましょう。 ・教師がテーマ設定の段階で拡散的な展開を意図しているのか，収束的な展開を意図しているのか，十分に考えてから子どもに提示しましょう。

❷BとCがトークタイムの感想を述べる場面

番号	話者	対話の内容
4	B	前は意見が全部言い切れなかったけど，今回は全部言えて，しかも質問をみんなしてくれたから，大人になるって考えが深まりました。
5	C	今回はリスナーが質問してくれたり，自分がそう思っていても周りのみんなが違うって思ったらちゃんと注意してくれたからよかったと思いました。

ここでの指導のポイントは大きく2つです。1つ目は，BもCも「質問をして『くれた』」と表現していることです。この発言から，BもCも質問をとても肯定的に受けとめていることがよくわかります。これは非常に大切なことで，「質問をしてくれることで自分（達）の考えが深まる」という認識があるのとないのとでは，「トークタイム」の成果は大きく違ってきます。このようなBやCの前向きな発言はぜひクラスで共有し，価値付けましょう。

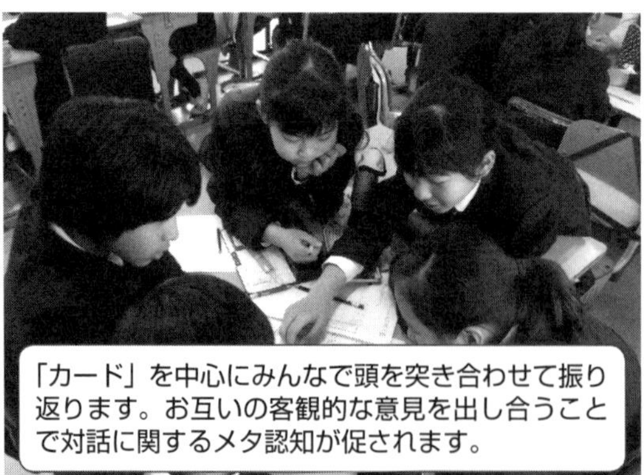

「カード」を中心にみんなで頭を突き合わせて振り返ります。お互いの客観的な意見を出し合うことで対話に関するメタ認知が促されます。

もう1つのポイントは，Cの「間違ったらちゃんと注意してくれた。」という発言です。この発言からはCが考えの間違いですらも前向きに捉えていることがわかります。人は誰しも間違うことが嫌いです。「間違えた分だけ人は成長できる」という格言がありますが，それを教室でどれだけ説明してもやっぱり子どもは間違えるのが嫌なのです。しかし，Cの発言はそうではありません。それは，きき合うということがお互いへの思いやりをベースにしているからなのでしょう。「質問＝口撃」ではありません。質問はお互いを高め合う行為なのです。高学年になるとどうしても質問されることを嫌がる子どもが出てきますが，このことをぜひとも継続して伝えてあげましょう。これからの社会は，やはり「チーム」の時代です。他者と協同して課題を解決していくことが求められます。時には失敗や間違いもあるはずですが，そのたびにチームに不穏な空気が流れているようでは，創造的な仕事などできるはずがありません。またチームの生産性を高めるためには，時に互いに指摘し合うことも必要です。相手を傷つけることなく指摘したり，傷つくことなく指摘されたりするような，「さわやかな議論」ができる学級集団を創りたいと常々思います。対話や議論は勝ち負けではもちろんありませんが，自分にとって耳の痛い言葉も潔く受け入れていけるような，いわゆる「グッドルーザー」としての心構えを子どもに教えてあげましょう。社会に出ると思い通りにいかないことばかりです。子ども達にはこれから向き合うべき失敗や挫折にも柔軟に立ち向かい，力強く人生を歩み続けてほしい。ストラテジック・リスニングで学ぶ「きく心」は，このように子ども達が生きる今後の社会へ対応していくためにも必要なのです。

指導のポイント

全学年共通
・質問してくれることを前向きに受け止められるような雰囲気づくりや声かけを心がけましょう。 ・「質問＝口撃」ではありません。相手への思いやりの心を持って，質問したり，相手を信頼して質問されたりできるようにしましょう。

次に，４年生の子ども達が書きまとめた「トークタイムカード」の実物を紹介します。実際にトークタイムを実践していく中で，子どものどのような書きぶりに目を付け，指導していくのか，具体的な指導のポイントを見ていきましょう。

3 実際に子どもが書いた「トークタイムカード」

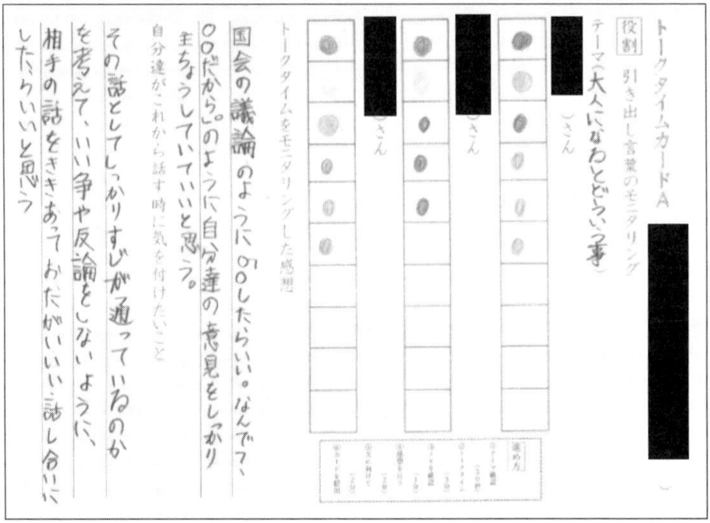

このグループの「トークタイムカードA」を見てみると，しっかりと対話の中で「引き出し言葉」を使えていることがわかります。加えて色丸の中が塗りつぶされていますので，「引き出し言葉」を用いた問いかけに対して，訊かれた側が応じていることもわかります。また，どのリスナーもまんべんなく「引き出し言葉」を使っていることもわかります。反対に，「色丸の中が塗りつぶせていない」「色丸がついている子どもが偏っている」などが見られた場合は，声をかけて確認しておいた方がよいでしょう。しかし，たとえ色丸がついている子どもが偏っていたとしても，「訊く」子どもがいれば「応じる」子どももいるわけですから「それだけたくさん考えを引き出してもらったんだね。それだけ訊かれても応えられる○○さんもすごい！」と，

認めてあげたいと思います。そうでなければ「訊きすぎてはだめだ。」「訊かないとだめだ。」と，訊くことへの強迫観念のようなものが生まれてしまいます。あくまでも自然な流れの中で「訊く」「応じる」やり取りを生み出すことが目標です。

また，このグループがストラテジック・リスニングの力を磨き高めているとわかるのが，左半分の振り返りの記述です。まずモニターが，「国会の議論のように『○○したらいい。何で？　○○だから。』のように自分たちの意見をしっかり主張していていい。」とモニタリングをした感想を書きまとめています。主張と理由を区別して述べること，そのよさへの気付きがここに表れています。「国会の議論のように」と書いているところが，モニターの子どもなりの個性的な表現でさらによいと思います。

指導のポイント

4～6年生

- ・「引き出し言葉」が対話の中で使われているか確認しましょう。
- ・訊かれたことに対して応じるやり取りができているか確認しましょう。
- ・訊いている子どもに偏りがないか確認しましょう。
- ・「訊く」「応じる」の自然なやり取りを目指しましょう。

次に別テーマの「トークタイムカードB」を見てみましょう。次のページに実際のものをのせています。テーマは「ステージの成果と課題」です。本校では，わかりやすく言うと文化祭のような「ステージ」という行事があります。子ども達が学年で話し合い「自分たちが学年として表現したいこと」を様々な表現形式で披露するという行事です。ステージを終えた直後に，「ステージの成果と課題」というテーマで「トークタイム」を行いました。行事を乗り越えて，クラスとしてどのような成果と課題があったのか共有し，今後の学級経営に生かそうというねらいがあったからです。「トークタイムカードB」は自己評価が中心です。子ども達が，自分の「きく」力をどのように評価しているのかが三段階で示されます。「すべての項目が二重丸だ。」

ということに一喜一憂してはいけません。大切なのは自分の「きく」力をメタ認知させることですので，「なぜそのような評価になったのか」ということを具体的に言語化させましょう。

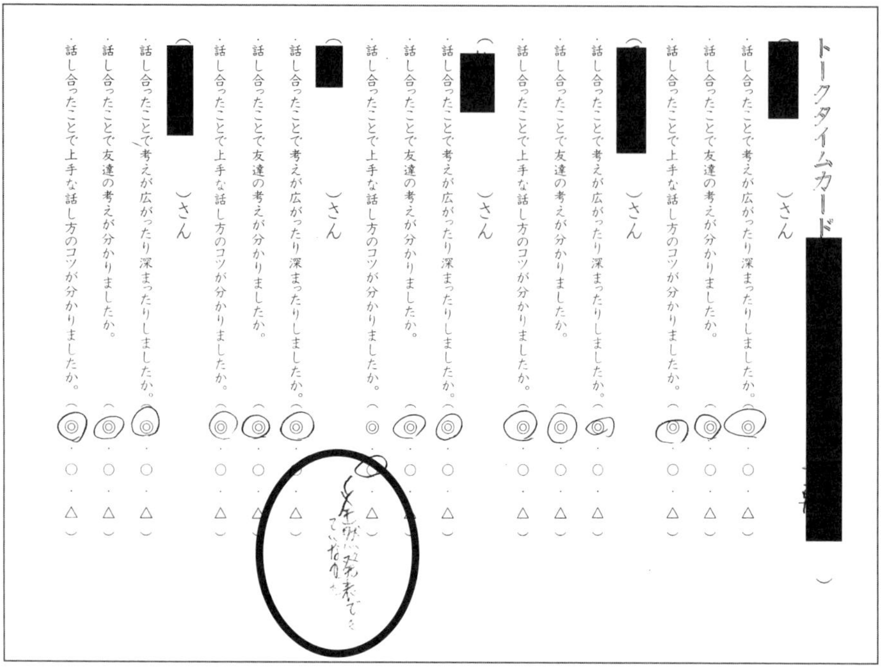

トークタイムカード　（[redacted]）

（[redacted]）さん
・話し合ったことで考えが広がったり深まったりしましたか。（◎・○・△）
・話し合ったことで友達の考えが分かりましたか。（◎・○・△）
・話し合ったことで上手な話し方のコツが分かりましたか。（◎・○・△）

（[redacted]）さん
・話し合ったことで考えが広がったり深まったりしましたか。（◎・○・△）
・話し合ったことで友達の考えが分かりましたか。（◎・○・△）
・話し合ったことで上手な話し方のコツが分かりましたか。（◎・○・△）

（[redacted]）さん
・話し合ったことで考えが広がったり深まったりしましたか。（◎・○・△）
・話し合ったことで友達の考えが分かりましたか。（◎・○・△）
・話し合ったことで上手な話し方のコツが分かりましたか。（◎・○・△）

（[redacted]）さん
・話し合ったことで考えが広がったり深まったりしましたか。（◎・○・△）
・話し合ったことで友達の考えが分かりましたか。（◎・○・△）
・話し合ったことで上手な話し方のコツが分かりましたか。（◎・○・△）

（[redacted]）さん
・話し合ったことで考えが広がったり深まったりしましたか。（◎・○・△）
・話し合ったことで友達の考えが分かりましたか。（◎・○・△）
・話し合ったことで上手な話し方のコツが分かりましたか。（◎・○・△）

このカードでは中央の子どもの「話し合ったことで上手な話し方のコツがわかりましたか。」という項目が，１人だけ丸になっています。こういう時は成長のチャンスです。私がこのカードを見て素敵だと感じたのは，教師から指導される前に子ども自らよくなかったところを，文章でメモ書きとして書いていたことです。自分自身でよくなかったところを指摘するのは，そう簡単なことではありません。「上達したい」という強い意志を垣間見ました。少し見えにくいのですが，この子は「（話し方のコツが見つけられず）全然発表できていなかった。」と書いています。この子ども自身，自分だけが丸の評価であることに自分なりの「こだわり」があったと考えられます。このような「こだわり」こそ，しっかりとすくい上げて言語化させ，メタ認知させましょう。この子どもは話し方のコツについての対話場面で自分が発言できなかったことを加味して，丸という評価にしているのです。真摯な気持ちで「トークタイム」に向き合ってくれていることがうれしいですね。

指導のポイント

全学年共通
・子どもの自己評価で教師が着目すべきところは，「◎か○か△か」ではありません。「なぜそのような評価にしたのか」ということです。具体的な理由を言語化できるように声をかけましょう。

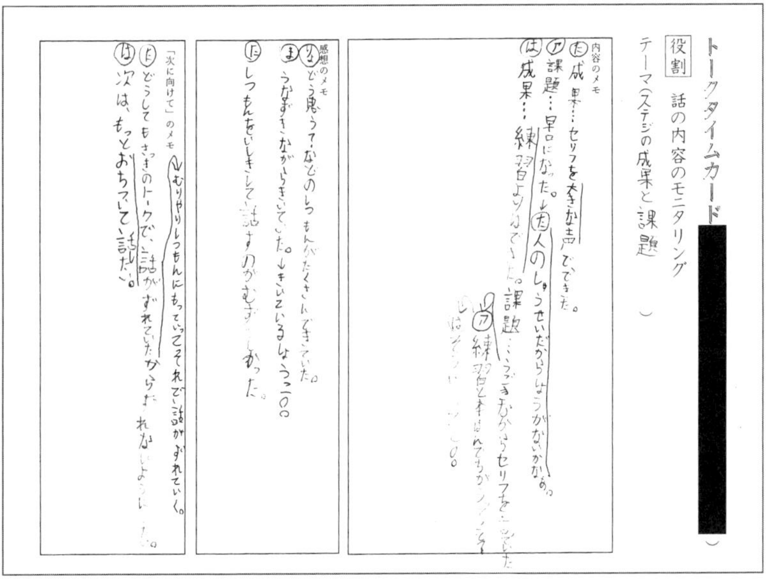

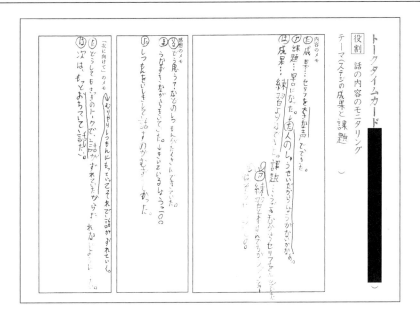

「トークタイムカードC」では，主に「トークタイム」できき合っている話の内容を，二人いるモニターのうちの片方がメモします。メモの学習は，「話すこと・聞くこと」の単元で取り出して指導してからはそのまま，というクラスが多いのではないでしょうか。メモを取る技能というのは継続して指導することに意味があります。そうでなければ日常生活に生きてはたらく

国語の力とはならないからです。「トークタイム」を実施すれば，継続的にメモの指導ができます。私は「このグループのメモの取り方上手だな」と思えば，コピーしてクラスに配布します。同じテーマで他の子ども達も「トークタイム」を行っているので，内容については大体頭に入っているため，メモの取り方に意識を集中することができます。また，あらかじめメモを取るのが上手な子どもの手元を映すようにiPadを設置し，メモを取るのが上手な子どもがどのタイミングでどのようなメモを取るのか，クラスで分析したりもします。メモを取り終えた後，動画記録を基にメモを取っていた子どもの解説をつければ，さらに詳細な学習材の出来上がりです。「この時○○さんが話し始めたので，○○さんの頭文字の「な」を書き，○○さんが話したよと言うことが後でわかるようにしました。」「ここ とここは話がつながっていると感じたので矢印でつないでみました。」など，実際にメモを取る際の思考が，解説によって明らかとなるので聞いていてとてもおもしろい時間です。子ども達も興味を持ってきいていますし，何よりメモを取っている子どもは先生になった気持ちでどこか誇らしげです。次回の「トークタイム」では，「自分もミニ先生として解説がしたい！」とたくさんの子がメモを取るモニターの役割を志願します。子どもは本当に正直でかわいいですね。

指導のポイント

4～6年生
・「トークタイムカードC」はメモの取り方のお手本として活用しましょう。例えば「箇条書きで整理できている。」「矢印で関連を示している。」「省略記号で素早くメモしている。」などが見つけやすいです。 ・メモの実況中継は，クラスが大盛り上がりします。おススメです。

高学年 5
住むなら都会か田舎か

【学年】小学６年生　【実施時期】５月
【時間】国語の学習時間　10分
【準備物】■トークタイムカードA・B・C（高学年用）　■引き出し言葉の表
■座席の形カード（高学年用）

1 テーマ設定について

国語科の単元で意見文を書く学習を行いました。その中で「飼うなら犬か猫か」,「行くなら水族館か動物園か」のように，対立した立場を設定しそれに基づいた意見文を書くこととしました。自分とは違う立場の意見も想定した，懐の深い意見文を書く学習につなげるためです。様々な対立するテーマで「トークタイム」を行いましたが，その中で「住むなら都会か田舎か」というテーマで「トークタイム」を行った子ども達の発言を紹介します。

2 実際の子どもの発言・指導のポイント

❶全体の対話内容

（リスナー：A（田舎派）B・C（都会派）　モニター：D・E）

番号	話者	対話の内容
1	A	田舎のいいところは都会に比べて犯罪とかが少なくて，温暖なとこもあるけど比較的涼しいし，自然が多くて静かだし，それに星空がきれいだし，あと，川とかもお水とかもきれいだから飲めたりするから，自分の心がリフレッシュするし，空気がおいしいから，だから田舎の方が，人間的にも住みやすいというか，心も体も住みやすいと思います。
2	B	都会のいいところは３つあって１つ目が交通手段が豊富でどこにでも行きやすいと思ったのと，２つ目がお店の種類とか

		も多いし，そういう，暮らしがより豊かになると思ったのと，3つ目は仕事の種類が田舎に比べて豊富だと思います。
3	C	ぼくも仕事が豊富やと思って，田舎やったら畑仕事しかできないからお金が稼げないから。
4	A	都会の人に質問で，さっき畑仕事ではあんまりもうからないのでは，もしもうかるんだったら田舎でもいいってことですか？
5	B	畑仕事がもうからないってことじゃないんだけど…。
6	C	田舎の方は犯罪が少ないって言ってたんだけど，都会でも犯罪が少なくなったら都会でもいいってことですか？
7	A	ぼくは安全面に関して考えてて犯罪が少ないんだったらぼくは住んでも（都会に）いいと思います。
8	A	安全面に関しては田舎の方が少ないっていうのは間違ってるかもしれないんだけど，都会の方がイメージなんだけど変な人が多そうって思って…。
9	B	仕事の種類が都会の方が多いと思うので，収入が多いってわけではなくて，種類が多いってことをC君は言いたかったと思うけど…。
10	C	交通手段が多くて仕事の種類も多くて，だから便利。
11	A	田舎では自然が豊か。心も体も住みやすい。
12	B	私たちがどっちがいいとか言えないね。
13	C	言ってもいいけど悲しくない？
14	A	両方ともいいところがあるからそれをまとめて（意見文で）伝えよう。
15	A	田舎はまず犯罪が少なくて，あの涼しいいし，自然が多いし土地とかも広くて，都会だったら高いし狭いし，田舎だったら土地が広いし安いし，しかも都会はたぶん自然現象とか排気ガスとかがあると思うけど田舎は空気がおいしいし，スーハ

		ーしても大丈夫。星空もきれいだし，とりあえず自然が豊富で住みやすい！
16	B	自然に囲まれてるから人間が，住みやすいです！！！
17	C	田舎よりも電車とか交通機関がいいし，しかも仕事が豊富だし，食べ物もおいしいというか，だから暮らしがとても便利なので都会は住みやすいと思います。
18	B	田舎がいいって言っているＡ君は犯罪が少ないって話が出てたんだけど自然が豊かで，心とか体にもよくてすごい暮らしやすいって言ってて，ぼくたちは仕事の種類が田舎の方に比べて多くて食べ物もおいしくて暮らしがすごい便利で住みやすいっていう風に話してくれたんだけど，えっと，それぞれその都会では自然は豊かではないけど，なんかそういう風にそれぞれにいいところと悪いところがあってどちらもいいなって思いました。

高学年の「トークタイム」を横できいていて思うのは，中学年と比べてさらにぐんと発言量が増えることです。また，発言内容もしっかりと考えられた複雑なものになっています。単純に知識量が増えていることも要因ではあると思いますが，訊かれるということを意識して，先に何を話すかしっかり考えてから発言しているという他者意識の育ちが大きいと思います。高学年になり，ストラテジック・リスニングの肝である「対話を客観的に捉える」力が本格的に発揮されるのです。だからモニターも大変です。きいて理解するだけでも骨が折れるのに，さらに対話全体を評価する視点も持たないといけません。ここまでくると大人も顔負けです。このような取り組みを小学生の段階で積み上げることが，生涯にわたってよいきき手となるためには必要だと考えます。

❷Bが工夫して自分の考えを紹介する場面

番号	話者	対話の内容
2	B	都会のいいところは3つあって1つ目が交通手段が豊富でどこにでも行きやすいと思ったのと，2つ目がお店の種類とかも多いし，そういう，暮らしがより豊かになると思ったのと，3つ目は仕事の種類が田舎に比べて豊富だと思います。

まず注目したいのはBの発言です。自分の主張したい事柄の数を明示することは，伝え合う場面で非常に有効です。話をきいている側も「○つのことを話すんだな。」という心構えができますよね。大人になっても十分に使える表現です。このように子どもの優れた表現に出会った時も，話をきいている側の立場に立って子ども達に価値付けましょう。「いくつ話すか先に伝えておくことできいている側も心構えができてききやすくなるね！」という具合です。こうすると次回から「きいている人のために話し方を工夫しよう。」というストラテジック・リスニングの意識が促されるのです。

指導のポイント

全学年共通
・「○つ話します。」という伝え方は非常に便利な表現です。 ・「きいている側」の立場から考えてよい伝え方を価値付けましょう。

❸Aに対してCが訊いている場面

番号	話者	対話の内容
6	C	田舎の方は犯罪が少ないって言ってたんだけど，都会でも犯罪が少なくなったら都会でもいいってことですか？
7	A	ぼくは安全面に関して考えてて犯罪が少ないんだったらぼくは（都会に）住んでもいいと思います。

ここでのAの柔軟な受け取り方は素晴らしいです。よく対立するようなテーマで交流を設定する場合，対話は活発にはなるもののお互い攻撃的になっ

てしまったり，相手の意見を受け入れられなくなったりしませんか？　討論などはそのよい例です。相手の論理の隙間をつくことに必死になってしまい，肝心の考えを深めるということがおろそかになってしまいがちです。しかし，ここでAは素直にCの発言を受け入れています。つまり，自分は安全面ということを重視して住むのなら田舎と考えていたけれど，都会でも安全性がクリアされているのならば考えを改めます，ということです。このAの意見変更の背景には「相手の意見にしっかりと耳を傾ける」という基本姿勢がうかがえます。このような柔軟な姿勢を子ども達が見せてくれた時には，自分の考えをおそれず変更するという勇気を，教師が率先して価値付けましょう。それがやがて「友達の考えを受け入れながらきく」という学級の文化へと変わっていきます。

指導のポイント

全学年共通
・自分の考えを変えるということは勇気がいることです。教師がその姿を見つけ，認め，価値付けることで子ども達の背中を後押ししましょう。

❹対話の内容を結論付ける場面

番号	話者	対話の内容
11	A	田舎では自然が豊か。心も体も住みやすい。
12	B	私たちがどっちがいいとか言えないね。
13	C	言ってもいいけど悲しくない？
14	A	両方ともいいところがあるからそれをまとめて（意見文で）伝えよう。

２つの対立軸で対話を行った場合，最終的にどちらかの結論に無理やりにでも落ち着けようとしてしまいがちです。しかし，このグループはお互いの考えをきき合った結果，どちらかを選ぶのは難しいと結論付けています。私はこのグループの対話に納得させられました。私たちは対話を前に進めるた

めに仕方なく対立軸に白黒をつけるのですが，本当にお互いの意見をきき合えば白黒などつけられないのです。考えてみればそうです。世の中に生じる様々な議論は，両方の立場を考えるとそう簡単には答えが出せないものばかりです。まずはしっかりとお互いの意見をきき合うこと，そしてその上ではっきりと白黒をつけられることもあると思いますが，もし難しいのならばお互いのよいところをしっかりと共有することに重点を置く，当たり前のようで私たちは早急に答えを求める傾向があるので，実は難しいことです。このように対立軸に踊らされることなくじっくりと腰を据えて追究しようとしていく態度こそ，これからを生きる子ども達（もちろん大人もそうですが）には必要なのではないでしょうか。対立性のあるテーマを「トークタイム」に設定する場合，実は対立を越えて考えを生み出そうとするたくましい子ども達の姿が見られることがあるのです。

指導のポイント

4～6年生
・対立性のあるテーマ設定は議論を活発にします。しかし，夢中になるあまり「考えを広げ深める」という対話の本来の目的を見失わないように教師は学習の場をコントロールしましょう。特に対立を乗り越えて新たな考えを生み出す子どもの発言は積極的に価値付けましょう。

❺Bが考えを述べている場面

番号	話者	対話の内容
18	B	田舎がいいって言っているA君は犯罪が少ないって話が出てたんだけど自然が豊かで，心とか体にもよくてすごい暮らしやすいって言ってて，ぼくたちは仕事の種類が田舎の方に比べて多くて食べ物もおいしくて暮らしがすごい便利で住みやすいっていう風に話してくれたんだけど，えっと，それぞれその都会では自然は豊かではないけど，なんかそういう風にそれぞれにいいところと悪いところがあってどちらもいいなって思いました。

Bは決してスムーズに意見を表現しているとは言えません。しかしそれでもいいと思います。彼が一生懸命「お互いによい部分があるんだ。」という気持ちを言葉にして紡いでいっていることがわかるからです。そしてこのような気持ちのこもった表現をしっかりと受け止める子ども達を，学級を，育てたいと思います。そのための近道はストラテジック・リスニングで大切にしたい「きく心」を育むことに他なりません。

指導のポイント

全学年共通
・たどたどしい友達の発言を温かい心できく姿を認めていきましょう。

次は「トークタイム」の振り返りです。今回は子ども達の素晴らしい発言がたくさん光っていたので，教師としてしっかりと価値付けたいと思い積極的に私が加わりました。子ども達が「自分たちのきき方にはきかれる側にとってそんな効果があるんだ。」というメタ認知を促す，「もっと相手の考えをきいていきたい。」という思いを引き出す，この2点を意識しました。

高学年 6 住むなら都会か田舎か（振り返り）

【学年】小学６年生　【実施時期】５月
【時間】国語の学習時間　10分
【準備物】■トークタイムカードA・B・C（高学年用）　■引き出し言葉の表
■座席の形カード（高学年用）

1 テーマ設定について

同じグループの振り返りの発話記録をご紹介します。このグループの「トークタイム」を横できいていて，「温かく柔軟なきき方ができているな。」とうれしくなりました。このグループの子ども達は，対立意見を否定的に受け止めることも，自分の考えの再構築をおそれることもしていません。「対話に心が開かれている」とでも言うでしょうか，全く「ぎこちなさ」を感じませんでした。「このグループの対話をきいていればきっとクラス全体に広げるべき成果が抽出できる！」という強い期待を持って，「トークタイム」を見守りました。

2 実際の子どもの発言・指導のポイント

❶全体の対話内容

番号	話者	対話の内容
1	D	両方のいいところがまとまっていったのはよかったよね。
2	E	うん。どっちかって決めちゃわなくてよかった！
3	D	でさ，結局田舎派のいいところって，犯罪がないってことと自然が豊かってことであってる？
4	A	うん。そうそう。
5	E	都会派のいいところは３つだったよね。
6	B	交通手段が豊富ってことと，お店の種類が多いってことと，

		仕事の種類も多いってこと。
7	D	そっかぁ。で，どっちもいいところがあるから選べないねっていうのが結論なんだよね。
8	C	そうそう！
9	D	内容はそれぐらいかな。結論が両方といいってことだけど，それでも結論決まってよかった。
10	E	じゃあトークタイムの感想行く？　Aはどうだった？
11	A	田舎派は自分だけだったけど，しっかりと話をきいてもらえてよかった。
12	D	少数派だったらドキドキするよね。
13	A	うん。ほんまに。
14	D	Bは？
15	B	意見が違っても怒らないで話ができてよかった，かな。だってさ，この前の学級会で意見がぶつかってケンカしたやん？今回はそうじゃなかったし。
16	T	どうして今回は意見がぶつからなかったの？　こないだの学級会と何が違った？
17	C	たぶん，こないだみたいにもめんとこって思ったのが大きいと思うけど…。
18	T	きく時に心がけたことはあるの？
19	A	相手の言うことを「違うやろ！」みたいに思うんじゃなくて「なるほどなぁ。」って思うようにした。
20	T	Aがさ，「安全なんやったら都会に住んでもいい。」みたいに途中でちょっと考え変えてたやん？　何でそんなことできたん？
21	A	さっきも言ったけどやっぱり怒ってきくんじゃなくて「なるほど。」って思おうとしたからやと思う。
22	T	すごいな。そういうきき方ができたらケンカにならずに考え

		が深めていけそうやな。
23	T	あともう1個いい？　Bがさ，「畑仕事がもうからないって言ってるわけじゃないねんけど…。」みたいなこと言ってなかった？　都会派やのに田舎派のこと助けるような言い方やったけど，何でそんな言い方したん？
24	B	（照れながら）そんなん言ったっけ？　おれ。
25	C	言ってた言ってた！
26	T	言われたAはどんな気持ちやったん？
27	A	ん〜…，敵じゃないみたいな？
28	T	いっつもいっつも相手の足りてないこと訊く質問ばっかりやったら攻撃してんのと一緒やもんな。Bの発言は先生「ナイス！」やと思ったで！　覚えてないところが無意識にやさしいってところがBらしいやん。
29	C	（茶化すように）やさしい〜。

❷モニターのDとEが対話の内容を評価する場面

番号	話者	対話の内容
1	D	両方のいいところがまとまっていったのはよかったよね。
2	E	うん。どっちかって決めちゃわなくてよかった！

対話を客観的にモニタリングしていたDとEの口から，AとBとCに価値付けされたことは大変よかったです。この評価を耳にして，きっと3人はうれしかったことでしょう。モニタリングには，「よいきき方」を価値付けるという重要な役割があります。その意味で，DとEはまずその大きな役割を果たしたと言えるでしょう。

❸Dが自然に引き出し言葉を使用する場面

番号	話者	対話の内容
3	D	でさ，結局田舎派のいいところって，犯罪がないってことと自然が豊かってことであってる？
4	A	うん。そうそう。

ここでは，Dの「〜ってこと？」という訊くはたらきかけが光っていますね。高学年になると自然とこのように相手から考えを引き出したり，訊くことで理解を確かめたりすることができます。

❹Aがトークタイムの感想を述べる場面

番号	話者	対話の内容
11	A	田舎派は自分だけだったけど，しっかりと話をきいてもらえてよかった。
12	D	少数派だったらドキドキするよね。
13	A	うん。ほんまに。

これが高学年の子ども達の本音だと思います。この年頃の子ども達は，少数派になることをおそれがちです。高学年を担任したことがある先生は共感していただけるのではないでしょうか。「トークタイム」の中で，お互いの意見をさらけ出しぶつけ合う中で，「自分の考えをしっかり持つためには少数派になってもいい」ということを実感させてあげたいと思います。しかしそのためには，「少数派を攻撃しない」という子どもの意識が大切です。「トークタイム」でコツコツと学級文化を創り上げていきましょう。

指導のポイント

全学年共通
・温かいきき方は「クラスの文化」です。「トークタイム」の中でコツコツ価値付けながらストラテジック・リスニングをクラスで極めましょう。

❺教師が振り返りに加わる場面

番号	話者	対話の内容
16	T	どうして今回は意見がぶつからなかったの？　こないだの学級会と何が違った？
17	C	たぶん，こないだみたいにもめんとこって思ったのが大きいと思うけど…。
18	T	きく時に心がけたことはあるの？
19	A	相手の言うことを「違うやろ！」みたいに思うんじゃなくて「なるほどなぁ。」って思うようにした。

意見の対立に子ども達の関心が高まってきたので，「不要な対立をしないためのコツ」を子ども達が見つけられたらという思いで，子ども達に問いかけました。子ども達は先日の学級会で意見が対立し，感情的になってしまった経験を思い出しながら対話していたようです。そして相手との意見の違いを否定的に受け止めるのではなくて，「共感的にきく」というコツを見つけ実践していたのでした。この「共感的にきく」というのは，「言うが易し行うは難し」です。いくら教師がお題目的に子どもに指導してもなかなか浸透していかないというのが私のこれまでの実感でした。ストラテジック・リスニングを学ぶことで子ども達は自ら「共感的にきく」ことを実際の対話の中で体得しようとしているのでした。

指導のポイント

全学年共通
・子ども達の実感を生かして「よいきき方」を学べるようにしましょう。

❻教師が子ども達の無意識なストラテジック・リスニングを価値付ける場面

番号	話者	対話の内容
20	T	Aがさ，「安全なんやったら都会に住んでもいい。」みたいに途中でちょっと考え変えてたやん？　何でそんなことできた

		ん？
21	A	さっきも言ったけどやっぱり怒ってきくんじゃなくて「なるほど。」って思おうとしたからやと思う。
22	T	すごいな。そういうきき方ができたらケンカにならずに考えが深めていけそうやな。

私はAの「安全性が確保できるなら都会に住むという考えに変えてもいい。」というような発言に心を惹かれていました。柔軟に意見を変えることのよさをぜひこのグループの子ども達と共有したいと考え，振り返りの場面でAに問いかけました。5人1グループ「トークタイム」ですので，なかなか1つのグループにべったりとはりついて対話をきくということはできません。なので私はＩＣレコーダーや，ｉＰａｄ等のＩＣＴを活用し，放課後に聴き直すということを継続してやっています。しかし時に，幸運にもほれぼれするような子どもの発言にその場で出会えることがあります。そんな時は即時的な評価を意識し，子ども達に積極的に問いかけていきます。「鉄は熱いうちに打て」ですね。さっき発した自分の言葉なら，その時の実感もまだ子ども達の記憶にしっかりと残っているのです。

指導のポイント

全学年共通
・子ども達の素敵な「きき方」に出会えたならできる限り早く子どもにその価値を伝えてあげましょう。

❼教師がBの発話を価値付ける場面

番号	話者	対話の内容
23	T	あともう1個いい？　Bがさ，「畑仕事がもうからないって言ってるわけじゃないねんけど…。」みたいなこと言ってなかった？　都会派やのに田舎派のこと助けるような言い方やったけど，何でそんな言い方したん？

24	B	（照れながら）そんなん言ったっけ？　おれ。
25	C	言ってた言ってた！
26	T	言われたAはどんな気持ちやったん？
27	A	ん〜…，敵じゃないみたいな？
28	T	いっつもいっつも相手の足りてないこと訊く質問ばっかりやったら攻撃してんのと一緒やもんな。Bの発言は先生「ナイス！」やと思ったで！　覚えてないところが無意識にやさしいってところがBらしいやん。

私は５番のBの「畑仕事がもうからないってことじゃないんだけど…。」という発言もずっと引っかかっていました。「なぜ反対の立場を擁護するような発言をしたんだろう。」という違和感があったのです。同時に「ここに相手を思いやってきくストラテジック・リスニングのコツが隠されていそうだ。」という直感もありました。残念ながらBは言語化できるほど意図的に発言したわけではなかったのですが，そこで私はBの発言を受け取ったAの気持ちに着目するような声かけをしました。本著で何度もお伝えしていますように，対話場面で大切なことは「自分の声を受け取ってくれる人」に意識を向けることです。するとAは「ん〜…，敵じゃないみたいな？」と，対立的なテーマ設定の対話とは思えないようなA自身の実感を語ってくれました。そのおかげで「訊くことは口撃ではない」ということを子ども達に伝えることができました。予定調和で進む対話などありえません。「トークタイム」に参加する子どもも教師も「応じる力」を求められているのです。そういう意味では，教師の「おや？　今の発言気になるな。」という直感は大切です。

指導のポイント

全学年共通
・教師も１人の「きき手」となって価値観をフルに発揮させましょう。

7 他の学習場面での子ども達のきく姿

朝タイムなどの帯時間を活用するのが私のトークタイムの主な進め方ですが，読書タイムの実施に押されたり，行事が立て込んだりと，時間が確保できなくなってしまう時もあります。読者の先生方もいざ実施しようとなると，時間の確保が継続的にできないという悩みが生まれるかもしれません。しかし本来ストラテジック・リスニングは，「トークタイム」の中だけではなくすべての学習時間，いえ子ども達の生活全体で育んでいきたいものです。そこで本節では，「トークタイム」以外の学習時間でストラテジック・リスニングの力を子ども達がどのように発揮しているのか，また教師がどのような単元をデザインしていくことで指導できるのかについて紹介したいと思います。数ある実践の中で，本校神戸大学附属小学校の６年生に2019年６月に実施した「附小版『芸術の小径』で鑑賞会を開こう」という単元を紹介します。

1 単元について

常日頃子ども達の「きく」力に関心がある私ですので，どうしても子ども達の「きく」姿に目が行きます。「訊く」技能と「きく心」を中心に，６年生にはストラテジック・リスニングを指導してきました。そこで２つの柱を融合させながらストラテジック・リスニングに取り組む姿を「トークタイム」以外の学習場面で生み出すことを目指したいと思いました。さらに，新学習指導要領の実施に向けて，「話すこと・聞くこと」に明記されている「エ　話し手の目的や自分が聞こうとする意図に応じて，話の内容を捉え，話し手の考えと比較しながら，自分の考えをまとめること。」の指導事項の達成に向けた単元開発も同時並行で進めようと考えました。つまり子ども達は，「相手を思いながらきく心を発揮させ，訊きながら情報を引き出すこと」と「相手の話の目的を捉えて，自分の考えと比較しながら自分の考えをまとめること」の両立を図るということです。

そこで私が着目したのは「対話型鑑賞」という手法です。ちなみに「対話型鑑賞」とは子どもの思考能力，対話能力の向上を目的に実践される対話による美術作品の鑑賞法を指します。ストラテジック・リスニングと非常に相性のよい言語活動と言えます。美術作品への解釈を深めるために，１人でじっと作品を見つめて納得するのではなく，同じ作品を見ている人と対話しながら解釈を見つけていくのです。言うまでもなく，相手の考えに耳を傾ける「きく心」や，相手から解釈に関わる考えを引き出す「訊く」技術が求められます。

楽しみながら作品に対する解釈を交流させることができます。

2 単元の流れ

❶新聞記事を読み対話型鑑賞を体験してみる

対話型鑑賞を実施している美術館を紹介する新聞記事を読み，子ども達と対話型鑑賞を体験してみました。少し堅苦しいイメージがあった美術作品の鑑賞が，おしゃべりしながら和気あいあいと進められることに気付き，楽しみながら活動する様子の子ども達でした。

❷学習計画を立てる

自分たちだけで対話型鑑賞をやってみようという目的を共有し，そのための学習計画を話し合って立てました。一緒に対話型鑑賞をするために招待する人として，「５年生」と「保護者」を教師から提案しました。気心の知れた同学年の友達に対して「きく心」や「訊く技術」を発揮することはこれまでできていましたが，少し距離間のある相手に対してもストラテジック・リスニングを発揮できるようにしたいという意図があったからです。結果，美術作品に対してまだ十分に解釈を持つことができていない，自信のない５年生に対して，「きく心」をフルに発揮し，「訊く技術」を駆使しながら対話する６年生の姿を引き出すことに成功しました。

❸お気に入りの美術作品を選ぶ

作品から見つけられる事実を付箋に書き出し，それを吟味しながら紹介したい美術作品を選びました。書き出した付箋は解釈を深めるための足がかりとなります。お気に入りの美術作品を選ぶヒントとなる，美術作品の事実に基づいた解釈を深める手立てとなる，２つのメリットが付箋を書き出す活動にはありました。単純にたくさんの量の付箋を書き出すという作業も子どもにとっては楽しいものです。盛り上がりながら学習を進めていきました。

事実とは「作品に描かれていること」です。事実（根拠）に基づいた意見（解釈）を持つという学習へのつながりを意識しています。

❹同じ作品を選んだ友達と対話し解釈を豊かにする

前の活動で書き出した付箋をグルーピングしながら，そこからどんな解釈が持てそうか，同じ作品を選んだ子ども同士で対話しました。様々な視点から美術作品にアプローチしていくので，１人では気付けないことがたくさんあります。そのような他者との意見の違いを楽しみながら鑑賞を深めていけることも，対話型鑑賞のよさの１つです。

❺光村図書６年「『鳥獣戯画』を読む」で鑑賞文の表現を学ぶ

教科書を使って鑑賞文に使える表現技法を学びます。子ども達一人ひとりに紹介したい美術作品とその解釈があるので，「この表現は自分の鑑賞文に使いたいな！」と，教科書本文にも主体的に向き合うことができます。

❻鑑賞文を書く

学んだ表現技法を生かして一人ひとりが作品の鑑賞文を書きました。一般的に「書けない」子どもの理由として「書く気がない」「書くことがない」「書き方がわからない」が挙げられますが，ここまでの学習ですべてがクリアできています。おかげでどの子も個性的な鑑賞文を書くことに成功しました。

❼鑑賞会を開く

いよいよ待ちに待った対話型鑑賞です。初めは緊張していた６年生ですが，招待されてさらに緊張している５年生を前にそうとも言っておれず，一生懸命５年生の発言に耳を傾け，あの手この手で考えを引き出しながら解釈をまとめようとする姿がありました。ストラテジック・リスニングの発揮です。

「何でそう思ったの？」「この色から例えばどんな気持ちがする？」「それって～ってこと？」など，引き出し言葉を巧みに使って５年生の考えを引き出していきます。

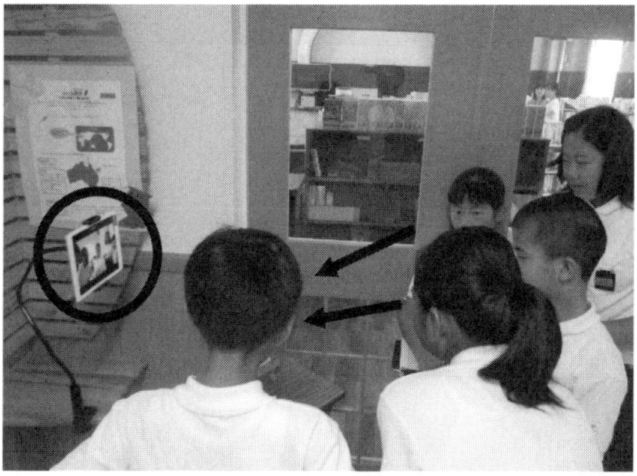

対話型鑑賞をしている子ども達の様子をiPadで記録しておくことで後からじっくりと「きく姿」を評価することも可能です。

3 鑑賞会での子ども達の発言

【テーマ】自分たちが選んだ絵について５年生，保護者と対話型鑑賞をしよう
【学年】小学６年生　【実施時期】７月
【時間】国語の学習時間　10分
【準備物】■トークタイムカードA・B・C（高学年用）　■引き出し言葉の表
■座席の形カード（高学年用）　■美術作品のレプリカ

鑑賞会の中で西村功作「降りた人たち」（神戸市立小磯記念美術館所蔵）のレプリカを使って対話型鑑賞を行ったグループの発言記録を一部紹介します。６年生が中心となって，ストラテジック・リスニングを生かした対話的な空間を作り出していることがおわかりいただけることでしょう。

❶全体の対話内容（AとEが６年生　BとCとDが５年生）

番号	話者	対話の内容
1	A	この絵を見てどう思いますか？
2	B	人が歩いてる。
3	A	あ～。人が歩いてるね。
4	C	何か，人が歩いても全然前に進めない。ずっと同じところを

		歩いてる。
5	A	あ～。
6	D	空を歩いてる…。
7	A	あ～。空！？
8	C	謎の道を歩いてる。
9	D	青いから青の空。天国？
10	A	亡くなってる？
11	B	死んでいってる…。
12	A	天国の道って感じか…。
13	D	そう。天国。（作品を指さして）同じ人か…。
14	C	（Dに向かって）一生進んでないんちゃうん？
15	D	（作品の上から下まで指で示して）進んではいる。
16	E	あ～。こう向き？（レーザーポインターで方向を示す）
17	D	同じ人。
18	E	同じ人？（驚いたように）
19	D	同じやん。（作品の人物を指さして）全く同じやん。
20	A	え，でもかばんの色が違うやん。
21	E	かばんも服も違う。
22	D	かばんなん？　これ？
23	C	わかったわかった！　こっちに行くにつれて何か荷物が少なってるとか？
24	A	あ～…。
25	D	死に向かう準備！（作品の上部から下部を指でなぞって）
26	A	あ～。
27	E	ってことはこっちが（作品上部を指す）生きてて，こっちが（作品下部を指す）死の世界？
28	C	ちがうちがうちがうちがう。
29	D	え？　そういうことやろ。

30	C	こっちが（作品上部を指す）生きてる人で，こっちが（作品下部を指す）死に近い人。
31	E	じゃあこっから生きてる生きてる生きてる死んでる死んでる死んでる…みたいな？
32	C	そう。
33	A	じゃあ（作品上部を指して）この丸は何やと思う？

❷Aがメンバーの発話に反応しながら聴いている場面

番号	話者	対話の内容
1	A	この絵を見てどう思いますか？
2	B	人が歩いてる。
3	A	あ〜。人が歩いてるね。
4	C	何か，人が歩いても全然前に進めない。ずっと同じところを歩いてる。
5	A	あ〜。
6	D	空を歩いてる…。
7	A	あ〜。空！？

ここではAの共感的な反応が光っていますね。５年生にとって「自分の言っていることが合っているかな。」「ずれたことを言って笑われないかな。」という不安があるはずです。Aの「あ〜。」という反応は何より５年生を勇気づけたことでしょう。その証拠にこのグループでは，徐々に５年生の発言が増えていきます。「きく」ということは，相手の「話したい」と思う心に火をつけるということでもあります。「あ〜。」という反応は言葉にすればわずかですが，このきき方にこそストラテジック・リスニングの大切な心構えが隠されています。

指導のポイント

全学年共通
・相手を勇気づけるような温かい心で反応しましょう！　それがコミュニケーションの第一歩です。

❸Eが5年生に訊く場面

番号	話者	対話の内容
23	C	わかったわかった！　こっちに行くにつれて何か荷物が少なってるとか？
24	A	あ〜…。
25	D	死に向かう準備！（作品の上部から下部を指でなぞって）
26	A	あ〜。
27	E	ってことはこっちが（作品上部を指す）生きてて，こっちが（作品下部を指す）死の世界？

この場面ではこれまでの発言をまとめる27番のEの発言「ってことはこっちが（作品上部を指す）生きてて，こっちが（作品下部を指す）死の世界？」が効果的です。「ってことは〜」と，これまでの話をいったん整理しながら対話を進められるということは，対話の全体像を客観的に捉えられていることに他なりません。このように自分のことを伝えるのに精一杯になるのではなく，相手のことも考えた広い視野で対話を捉えられるようになることは，ストラテジック・リスニングの大きな目標ともいえるでしょう。

指導のポイント

4〜6年生
・対話の流れを客観的に捉えて，内容をまとめていくような発言を教師が意識的に価値付けていきましょう。

❹Eが5年生に訊く場面

番号	話者	対話の内容
28	C	ちがうちがうちがうちがう。
29	D	え？　そういうことやろ。
30	C	こっちが（作品上部を指す）生きてる人で，こっちが（作品下部を指す）死に近い人。
31	E	じゃあこっから生きてる生きてる生きてる死んでる死んでる死んでる…みたいな？
32	C	そう。

この場面では，先ほどのEの整理しまとめる発言に対して，５年生のCが強く反発するところから始まります。反発されることは必ずしもよい気持ちがしませんが，Cの発言をじっくりときいたうえで，Eは31番でもう一度整理する発言を行い，Cに確認を取っています。そこでCは「そう。」と納得します。対話の中で，理解のずれは必ずと言っていいほど生じます。そのずれに感情的になってしまうのではなく，落ち着いて修正していくEのきき方は素晴らしいですね。なかなかこのような冷静にきく態度を育てることが難しいのです。一方が強く否定したために，もう一方も怒りだすということは子ども達のもめごとを見ているとよくあります。気持ちが落ち着いてから，お互いが言いたいことを確認すると，ささいなすれ違いであることがよくあります。子ども達が相手の話を冷静に一旦受け止める態度が育っていれば，子ども達のもめごともずいぶん減るだろうと思っています。ストラテジック・リスニングの学びを子どもの日常生活にも生かしていきたい部分です。

指導のポイント

４～６年生

・対話に「ずれ」はつきものです！　感情的にならず落ち着いて対話を進められることこそ，「きく心」が発揮される場面です。

4 鑑賞会の振り返り（5年生）

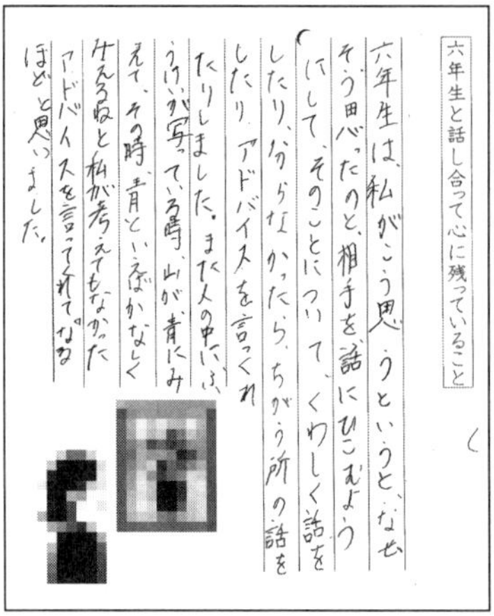
六年生と話し合って心に残っていること

六年生は、私がこう思ったということ、なぜそう思ったのと、相手を話にひこむようにして、そのことについて、くわしく話をしたり、分からなかったら、ちがう所の話をしたり、アドバイスを言ってくれたりしました。また人の中にふうけいが写っている時、山が青にみえて、その時、青といえばかなしく見えるねと私が考えてもなかったアドバイスを言ってくれてなるほどと思いました。

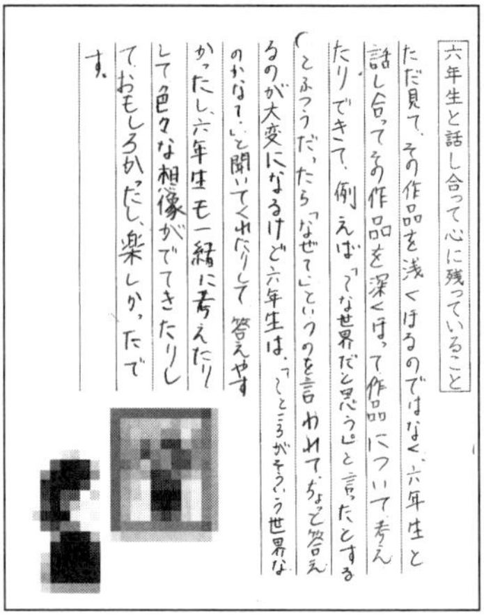
六年生と話し合って心に残っていること

ただ見て、その作品を浅く考えるのではなく、六年生と話し合ってその作品を深くほって作品について考えたりできて、例えば「〜な世界だと思う」と言ったとすると、ふつうだったら「なぜ」というのを言われてちょっと答えるのが大変になるけど六年生は、「〜ところがそういう世界なのかな」と聞いてくれたりして答えやすかったし、六年生も一緒に考えたりして色々な相像ができたりしておもしろかったし、楽しかったです。

これは鑑賞会を受けての5年生の振り返りです。実はこの5年生は昨年度私が4年生で担任していた子ども達であり，ストラテジック・リスニングに関して積み上げのある子ども達です。何よりうれしかったのは，6年生の「よいきき方」を5年生なりに価値付けてくれていることです。ストラテジック・リスニングを学べば，相手の「よいきき方」にも自然と意識が向くということをこの振り返りから気付かされました。

2つの振り返りを見て私が一番にうれしく思ったのは，文末に「(6年生が）～してくれました。」という感謝を示すような表現を5年生が多用していることです。6年生が5年生をフォローするために発揮していた「きく心」を，しっかりと5年生は感じ取っていたのです。きっと5年生自身も，6年生の気配りに触発されて「ていねいに話そう。」「自分の考えを伝えることは苦手だけど頑張って伝えてみよう。」と，対話型鑑賞に取り組んだことだろうと思います。このように，お互いの「きき方」に対する気配りであふれるようなコミュニケーションができるということは，ある意味ではストラテジック・リスニングの最終形態なのかもしれません。

5 鑑賞会の振り返り（6年生）

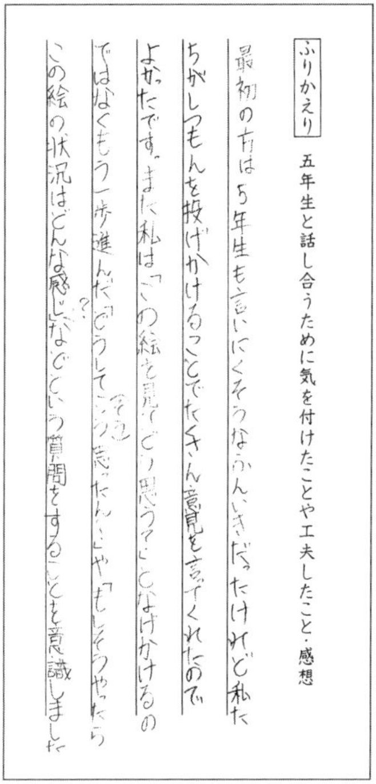
ふりかえり

五年生と話し合うために気を付けたことや工夫したこと・感想

最初の方は5年生も言いにくそうなふんいきだったけれど私たちがしつもんを投げかけることでたくさん意見を言ってくれたのでよかったです。また私は「この絵を見てどう思う?」となげかけるのではなくもう一歩進んだ「どうしてそう思ったんだ?」や「もしそうやったらこの絵の状況はどんな感じ?」などという質問をすることを意識しました

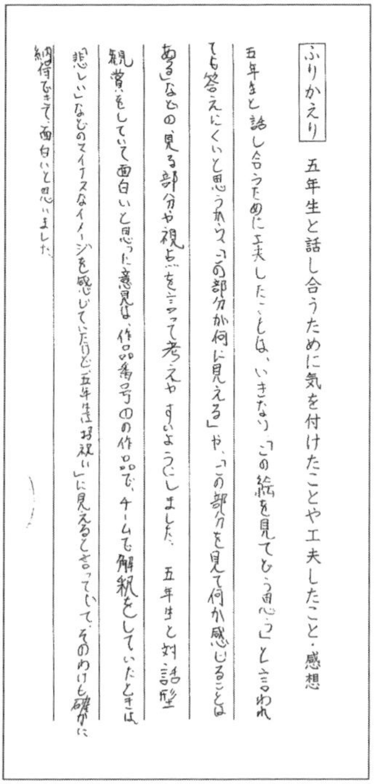
ふりかえり

五年生と話し合うために気を付けたことや工夫したこと・感想

五年生と話し合うために工夫したことは、いきなり「この絵を見てどう思う?」と言われても答えにくいと思うから「この部分が何に見える」や、「この部分を見て何か感じることはある?」などの見る部分や視点を言って考えやすいようにしました。五年生と対話型観賞をしていて面白いと思った意見は、作品番号〇の作品で、チームで解釈をしていたときは、「悲しい」などのマイナスなイメージを感じていたけど、五年生は「お祝い」に見えると言っていて、そのわけも確かに納得できて、面白いと思いました。

こちらは6年生の鑑賞会の振り返りです。右の振り返りでは，５年生の「言いにくそうなふんいき」を6年生がしっかりと受け取っていることがわかります。相手の気持ちも推し量らないで，たたみかけるように話している人をよく見かけますがこの6年生に限ってはそういうことはなさそうです。双方向のコミュニケーションを成立させるうえで，相手の状況をしっかりと観察するといったストラテジック・リスニングの基礎が，この6年生にはしっかりと育まれています。

左の振り返りでは，5年生が応じやすい「訊き方」に意識を向けている6年生の姿がうかがえます。「どうすれば相手から考えを引き出せるだろう。」と，相手意識を高める中で「訊く」言葉を磨いていく過程は，新学習指導要領でいう所の「ことばに対する見方・考え方をはたらかせる」ということに対応する部分でしょう。「いきなり『この絵を見てどう思う』と言われても答えにくいと思うから『この部分が何に見える』や『この絵を見て何か感じることはある』などの，見る部分や視点を言って（５年生が）考えやすいようにしました。」という６年生の対話型鑑賞での姿は，まさしくストラテジック・リスニングで磨かれた力を発揮しながら，５年生とともに豊かな解釈を導いていこうとする姿でした。

最後に紹介した５年生や６年生のように「きく心」を豊かに発揮したり，「訊く技術」を巧みに駆使したりする姿は，一朝一夕で生み出せるものではありません。ですが，「相手の発する言葉（時に言葉にならない思いも）に心から耳を傾けられる子どもを育てたい。」という教師の願いのもと，年間を通してじっくりと関わっていくことでストラテジック・リスニングの力は花を咲かせるのです。忘れてはいけないのは教師の意図的な指導という「水」を，常に与え続けるということだと私は考えています。本章の最後に，ご紹介してきた指導のポイントを一覧にまとめます。

１年生から３年生までの指導のポイント

○「質問で考えを引き出せた！」ということを何よりまずほめてあげましょう。

○話している人が偏らないようにしましょう。「話していない人」に気付けることもストラテジック・リスニングでは重要です。

＊１～３年生の指導のポイントが少ないのは，１～３年生では主に「対話を楽しむこと」「訊けたという満足感を味わわせること」の２点に重点を置くからです。

４年生から６年生までの指導のポイント

○訊くことで「ともに考えを創り上げる」という姿勢を育てましょう。

○「～ってこと？」という「引き出し言葉」は相手の考えを確認したり，はっきりさせたりと非常に効果的です。

○教師も意図的に学習場面で「〜ってこと？」と問い，その効果を子ども達に実感させせましょう。
○テーマについて家庭で語り合うことも進めてみましょう。
○「情報の扱い方」という視点も意識し，「共通点」や「相違点」，「考え」とそれを支える「理由」などに着目しきいている子どもの姿を全体でも価値付けていきましょう。
○考えを広げるための拡散的な展開，考えを深めるための収束的な展開，それぞれのよさを子ども達に意識させせましょう。
○教師がテーマ設定の段階で拡散的な展開を意図しているのか，収束的な展開を意図しているのか，十分に考えてから子どもに提示しましょう。
○「引き出し言葉」が対話の中で使われているか確認しましょう。
○訊かれたことに対して応じるやり取りができているか確認しましょう。
○訊いている子どもに偏りがないか確認しましょう。
○「訊く」「応じる」の自然なやり取りを目指しましょう。
○「トークタイムカードC」はメモの取り方のお手本として活用しましょう。例えば「箇条書きで整理できている。」「矢印で関連を示している。」「省略記号で素早くメモしている。」などが見つけやすいです。
○メモの実況中継は，クラスが大盛り上がりします。おススメです。
○対立性のあるテーマ設定は議論を活発にします。しかし，夢中になるあまり「考えを広げ深める」という対話の本来の目的を見失わないように教師は学習の場をコントロールしましょう。特に対立を乗り越えて新たな考えを生み出す子どもの発言は積極的に価値付けましょう。
○対話の流れを客観的に捉えて，内容をまとめていくような発言を教師が意識的に価値付けていきましょう。
○対話に「ずれ」はつきものです！　感情的にならず落ち着いて対話を進められることこそ，「きく心」が発揮される場面です。

全学年共通の指導のポイント

○質問しすぎると相手はかえって困ってしまいます。相手の気持ちに寄り添えることも「きく」力だということを教えましょう。
○「訊く」ことが上達すれば，自分に「訊く」こともできるようになります。自問自答を繰り返し練り上げられた考えと発言方法が，自然と生み出され身に付いていくのです。
○「なぜそのような評価をしたのか」という理由が大事です。グループで具体的な振り返りができるよう教師は見守り，適宜声をかけましょう。
○「自然な」対話を心がけましょう。
○適宜振り返りに教師が加わり「よいきき方」を価値付けましょう。
○質問してくれることを前向きに受け止められるような雰囲気づくりや声かけを心がけましょう。
○「質問＝口撃」ではありません。相手への思いやりの心を持って，質問したり，相手を信頼して質問されたりできるようにしましょう。
○子どもの自己評価で教師が着目すべきところは，「◎か○か△か」ではありません。「なぜそのような評価にしたのか」ということです。具体的な理由を言語化できるように声をかけましょう。
○「○つ話します。」という伝え方は非常に便利な表現です。
○「きいている側」の立場から考えてよい伝え方を価値付けましょう。
○自分の考えを変えるということは勇気がいることです。教師がその姿を見つけ，認め，価値付けることで子ども達の背中を後押ししましょう。
○たどたどしい友達の発言を温かい心できく姿を認めていきましょう。
○温かいきき方は「クラスの文化」です。「トークタイム」の中でコツコツ価値付けながらストラテジック・リスニングをクラスで極めましょう。
○子ども達の実感を生かして「よいきき方」を学べるようにしましょう。
○子ども達の素敵な「きき方」に出会えたならできる限り早く子どもにその価値を伝えてあげましょう。
○教師も１人の「きき手」となって価値観をフルに発揮させましょう。
○相手を勇気づけるような温かい心で反応しましょう！　それがコミュニケーションの第一歩です。

第 4 章

資料編

すぐ使える！ワークシート集

この章では「トークタイムをやってみよう！」と思われた読者の方が明日からさっそく取り組めるように，留意事項を含めた使い方とワークシートを見開き１ページにまとめて掲載しています。使い方をお読みになったうえでワークシートをコピーしてお使いください。第３章でお示ししたワークシートと若干中身が異なっているのは，子ども達の使いやすさや，ストラテジック・リスニングへの効果を追究し，常に修正を加えているからです。先生方も教室の実態により即した，オリジナルのものへとぜひ作り変えてください。

1 引き出し言葉の表

この表は，子ども達の訊く技能を支えるものです。教室に掲示しておいて，他教科の学習でも子ども達が活用できるようにしておくとより効果的です。子ども達の生活に根差した言葉の力をつけていくためには，常日頃から子ども達と教師が引き出し言葉を意識できる環境が望ましいです。「今の○○さんの質問，『なんで？』と理由を訊くことができたね。」「◇◇さんは表にあるように『たとえば？』と訊いていたけど，それはもう少し具体的に話をしてほしいってことかな。」というような話し手の意図と引き出し言葉をつなげる声かけを教師が心がけてみましょう。実際の学習場面や生活場面の中で，この引き出し言葉を子ども達としっかり共有し価値付けていき，「その訊き方いいな。」と教師や子どもが思ったら，適宜表にその引き出し言葉を付け加えて発展させていくことも考えられます。

またトークタイムをする際には，この表は高学年（４・５・６年生）なら５人に１枚，低学年（１．２．３年生）なら３人に１枚と，グループごとにラミネート加工をし準備しておきます。慣れないうちはリスナーの子ども達は引き出し言葉と色丸の色を結び付けて覚えられていません。トークタイムカードに色丸を記入する際，各グループに１枚引き出し言葉の表があると安心してグループの話し合いに耳を傾けられるからです。色の識別が難しい子どもがいる場合には，引き出し言葉と図形を対応させるのもよいでしょう。

どうおもう？

たとえば？

なんで？

〜っていうと？

ほかには？

しつもん！

2 低学年用 座席の形カード

低学年の子ども達とトークタイムに取り組む際には，できるかぎりわかりやすく指示をしてあげることが大切です。そうすることで低学年の子ども達は安心してトークタイムに集中することができます。朝の会などのモジュールタイムにトークタイムを実施する場合，右ページのような座席カードを朝休みに黒板に貼っておくことで，「今日はトークタイムがあるんだ。机を後で動かさないといけないな。こんな形で動かせばいいんだな。」と，心の準備ができます。「机の向きはこうだって言ってるでしょ！」「そこのグループ！机の場所がちがーう！」などと，朝から大声を張り上げる必要もなくなります。できることならば，朝の時間はしっとりと落ち着いた時間にしたいものです。慣れないうちはこのカードが必要ですが，だんだん慣れてくると1年生の子ども達でもさっと準備ができるようになります。その時はすかさずほめてあげてくださいね。この座席を組むにあたってのポイントは3つです。

①モニターの座席が黒板に向くように組むこと。

②リスナー同士が互いに向かい合って組むこと。

③引き出し言葉の表をモニターの机上に置くこと。

まず①ですが，教師からの指示がいつでもよく届くように工夫しなければなりません。机の向きを統一することで，教室内が煩雑にならず教師の声がよく届くようになります。②は低学年では特に意識したいことです。話し合う時にはしっかりとお互いの顔を見てお話させたいものです。「きいてもらってうれしい。」という思いがコミュニケーションへの意欲を引き出します。③は話し合いそのものに集中させるためです。低学年の子どもは「引き出し言葉を多く使いたい！」と夢中になるあまり引き出し言葉の表を見て話してしまいがちです。引き出し言葉の表が必要なのは主にモニターの子どもなので，リスナーの子どもが過度に意識することがないよう，引き出し言葉の表はモニターの机上に置きましょう。ちなみに座席の形カードの「リ」はリスナーを，「モ」はモニターを表しています。

トークタイムのつくえのかたち

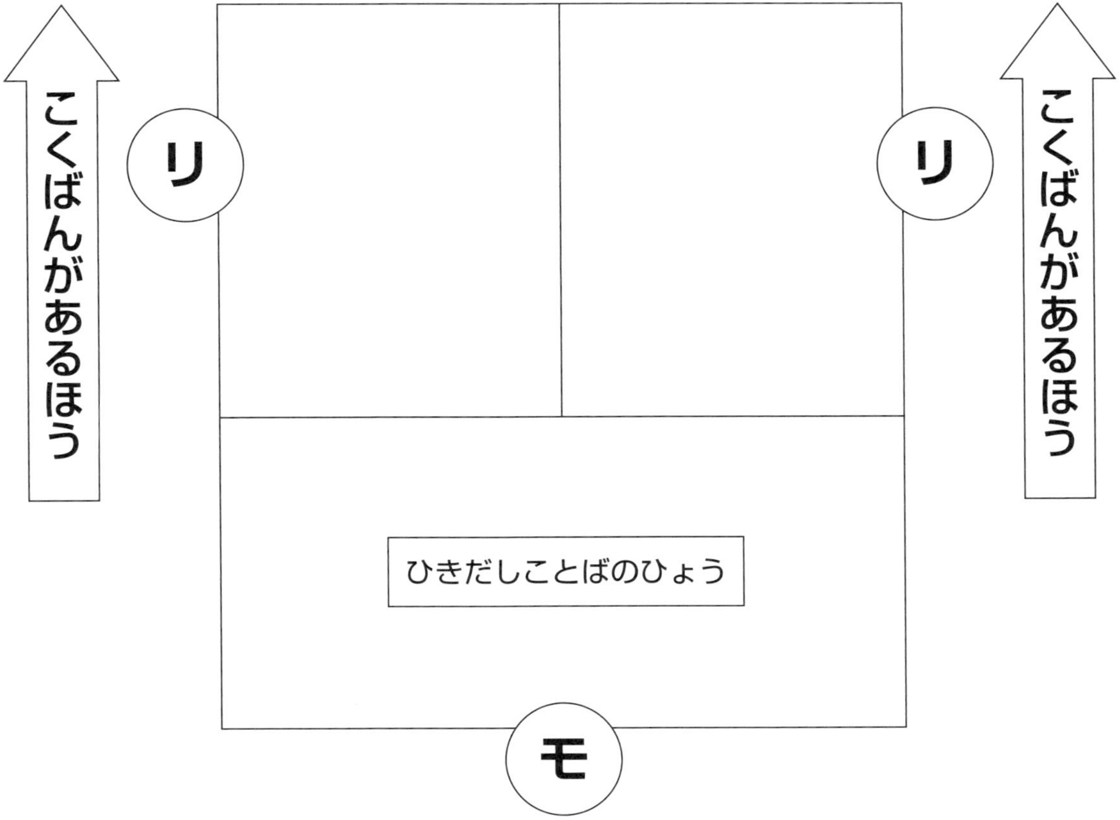

3 中学年用 座席の形カード

この度，学習プログラム「トークタイム」を活用したストラテジック・リスニングの育成を目指した本著を執筆するにあたり，新たに中学年用のワークシートを作成しました。これまで私は中学年でのトークタイムを，低学年用ワークシートと高学年用ワークシートの併用で実施してきました。トークタイムの導入初期は低学年用を用い，子ども達がトークタイムに慣れストラテジック・リスニングの意識が高まってきたころを見計らって高学年用を用いることを行ってきました。そのような流れで低学年と高学年のストラテジック・リスニングの橋渡しを行ってきましたが，今回中学年用の「座席の形カード」，「トークタイムカードＡ・Ｂ」を作成しましたので，これまで以上に円滑な橋渡しができると思っています。読者の先生方は，これまでの私のように低学年用と高学年用を使い分けていただいてもいいですし，中学年用のワークシートをお使いいただいてもいいと思います。いずれにしても，目の前の子ども達の取り組みの様子を最優先していただければと思います。

さて今回新たに考案した中学年のトークタイムは４人で実施をします。低学年は３人，高学年は５人ですので，その間の人数ということもありますが，教室でグループ学習を行う場合は，４人で１グループとする場合が多いですよね。トークタイムのみならず，他の学習場面でのグループトークでも活用できるよさを中学年のトークタイムには含みこんでいます。

中学年トークタイムの座席の形は，縦向きと横向きを組み合わせています。こうすることでメンバー同士の顔が見やすくなり距離感も近く感じますので，話しやすくなるという効果があります。私は４人１グループで学習を進める時はこのような形に机を動かすよう指示することが多いです。子ども達はこの形を「手裏剣型」と名付けています。「手裏剣の形にグループになってね～。」と指示をすると，実際の形のイメージもわきやすいので机も動かしやすいようです。

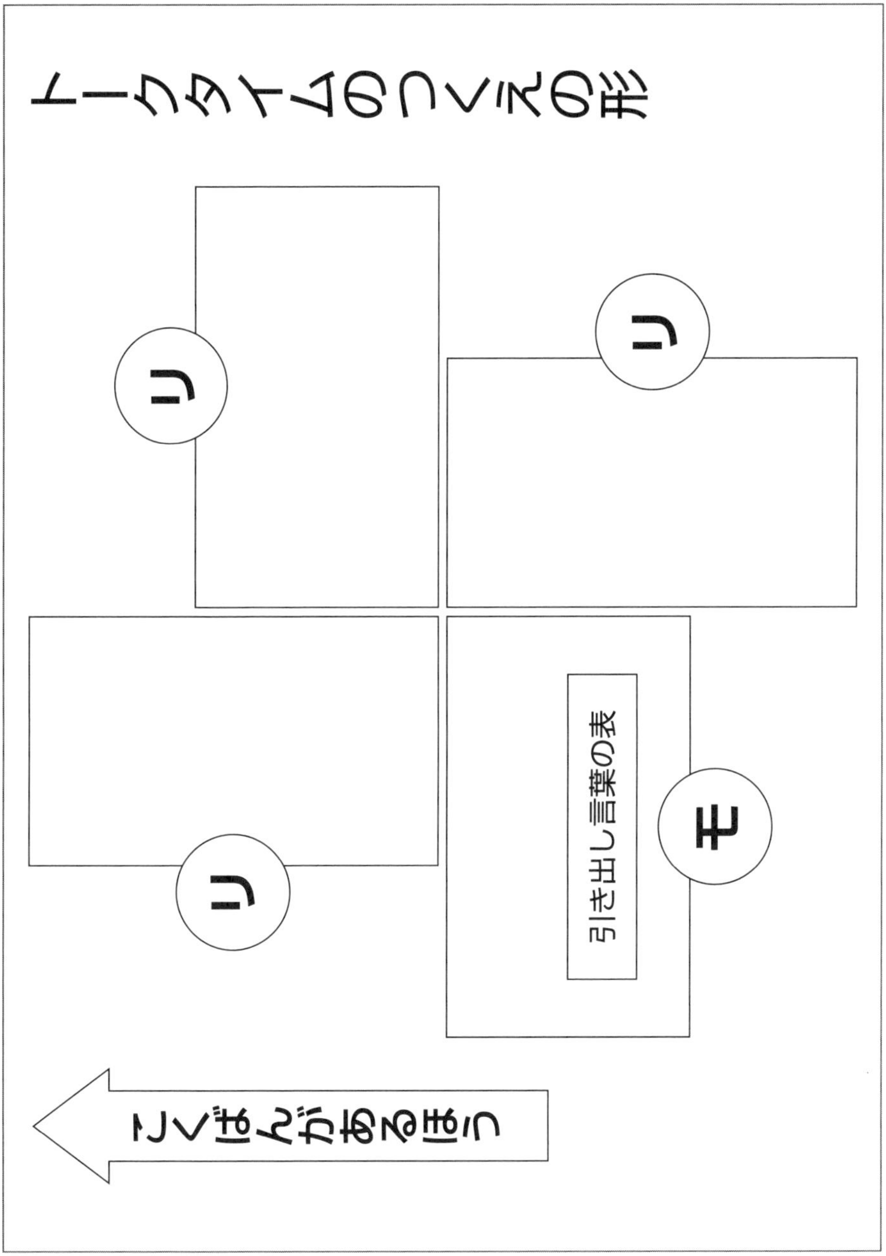
トークタイムのつくえの形
リ
リ
リ
モ
引き出し言葉の表
こくばんがあるほう

4 高学年用 座席の形カード

高学年の座席の形に関する考え方も，基本的には低学年と同じです。ストラテジック・リスニングに生かすために，トークタイムの中で教師が「このきく姿はいいな！」と思ったことは，すかさず全体で子ども達と共有したほうがよいでしょう。時間がたった後に「あのきき方よかったね。どうしてあんな風にきこうと思ったの？」「（きかれた子どもに）〇〇さんからあんなきき方をされてどんな気持ちがした？」と教師から問われても，「そんな前の話覚えてない！」と言われるのがオチでしょう。子どもによっては一生懸命思い出して何とか教師の期待に応えようとしてくれるかもしれませんが，トークタイムの際に考えながら話したことの新鮮味は失われてしまっているはずです。子ども達が自分たちのきき方を振り返り，次の対話場面に生かしていくためにもできる限りその場でよいと思うきき方は共有すること，したがって低学年と同じく教師からの声かけが通りやすい座席配置にするべきなのです。

もう１つ高学年の座席の組み方を考える時に教師として意識しておかなければならないのは，子ども同士の人間関係です。もちろん「初対面の人とでもしっかりと心を通わせつつ必要な情報を引き出せること」が最終目的ですが，そこは子どもなのでうまくいかないことの方が多いでしょう。特に高学年の女子児童はどうしてもグループ化しやすく，メンバー構成によっては全く話が進まなかったり，ふざけてしまったりするということも考えられます。そういう時は，教師が自然と介入することも必要になってくるでしょう。「どんな話し合いになってる？」「今の話をきいていて先生からも質問していい？」などです。不思議なことに，先生が入ろうとすると「自分たちで進めるから先生はいいよ！」と突っぱねられて，そこから停滞していた話し合いが進んでいくこともあります。うれしいようなちょっぴりさみしような気持ちで，そういう時はグループの子ども達の関わりを見守るようにしています。

トークタイムの机の形

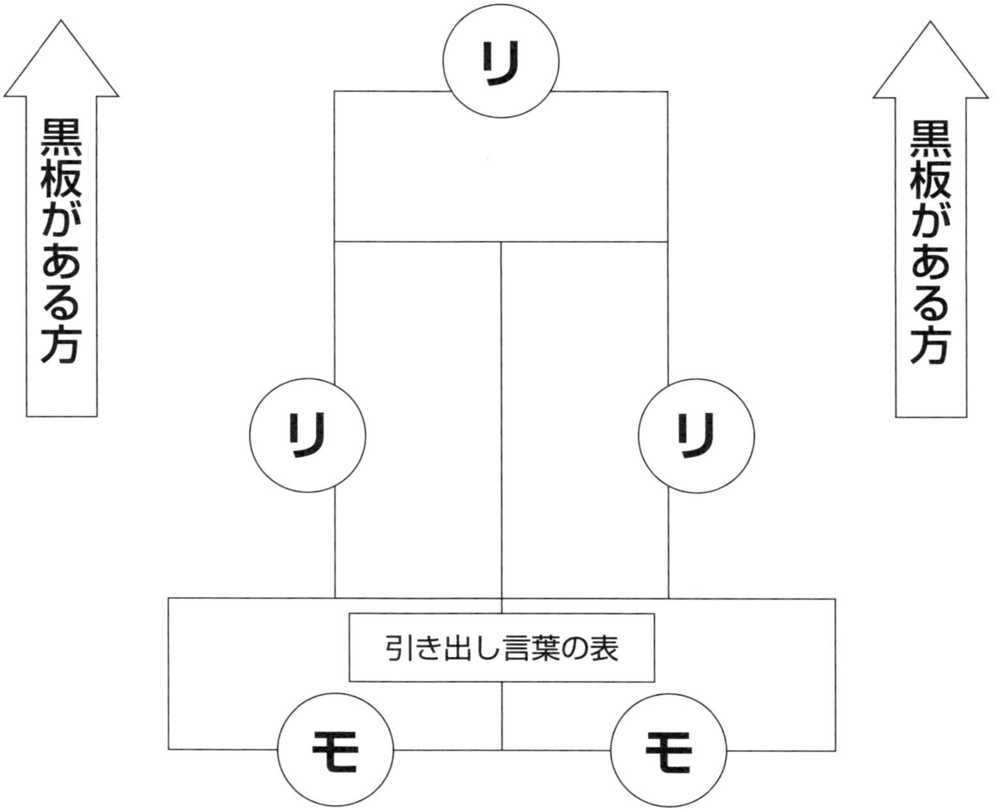
黒板がある方
黒板がある方
リ
リ
リ
引き出し言葉の表
モ
モ

5 低学年用 トークタイムカードA

低学年のトークタイムでは，目安として低学年用のトークタイムカードを使いましょう。ただし，子ども達と一年間を通してトークタイムに取り組み，子ども達とそのよさや効果を十分に実感できている場合には上の学年用を使用することも可能です。ですが１年生や２年生の子ども達に高学年用のトークタイムカードを使用するのは避けましょう。低学年と中・高学年のトークタイムの一番の違いは，グループのメンバーの数です。低学年の内は一対一の対話を存分に楽しませてあげたいと思います。その基礎の上に４人や５人，多人数でのストラテジック・リスニングがあります。

トークタイムカードAは主にモニターの子どもが記入します。慣れないうちはもたついてしまい，色丸の記入も不正確になってしまったり，記録が追い付かなくなってしまったりすることもありますが，回数を重ねると必ずできるようになりますので焦らず待ってあげてください。

低学年の子ども達は，最初「四角の枠の中にどれだけ多く色丸を付けられるか」を目的にトークタイムをすることが多いです。それももちろん悪いことではありません。話の流れの中で適切な引き出し言葉を使用することができることにつながるからです。しかし，次の２つのポイントは教師として見逃さないように子どもの姿を観察しましょう。

①引き出し言葉に対してリスナーの子どもがしっかりと返答できているか。

②みんなのお手本となるようなきき方をしている子どもはいないか。

まず①については提出されたトークタイムカードの色丸で確認することができます。あまりにも片方に丸がかたよっている，つまりリスナー同士でうまく考えを引き出し合えていない場合には，声をかけてあげることが必要でしょう。②については，できるだけ教師のほめ言葉と共にトークタイムが終わった時に全体に紹介してあげましょう。次のトークタイムや学習での対話場面に向けた具体的なモデルを提示することになります。

トークタイムカードA　モニター（　　　　　　）さん

テーマ【　　　　　　　　　　　　　　　　】

リスナーA（　　　　　　　）さん

リスナーB（　　　　　　　）さん

トークタイムのふりかえり

____

____

____

つぎのトークタイムでがんばりたいこと

____

____

____

6 低学年用 トークタイムカードB

トークタイムカードBは，トークタイムAの記入が済み次第書くように指示します。リスナーとモニターの子ども達の自己評価を促すためのワークシートとなります。リスナーの子ども達が行う自己評価の観点を見ていただいておわかりのように，「対話することを楽しめたか」ということを振り返ることを大きな目的としています。もしこれらの項目で自己評価が低かった場合も，焦ってしまう必要はありません。そんな時は「どうして楽しめなかったの？　どうしたら楽しめたかな？」と，教師が中心となって対話の「行き詰まり感」を言語化させてあげましょう。「○○さんばっかりしゃべっていてちっとも楽しくなかった！」「質問ばかりされて話しづらかった！」などという答えが返ってくるかもしれません。そこから「お話する時は片方の人ばかりが話していると楽しくないんだね。」「質問っていいことばかりだと思っていたけど，質問ばかりされすぎると困ってしまうこともあるんだね。」と，ストラテジック・リスニングにつながる重要な気付きを生み出すお手伝いをするのです。可能であればトークタイムカードAに記録しておくことを促したり，「○○さんのグループはこういうことで困っていたみたいなんだけどみんなのグループはどうかな？」と全体に問いかけたりすると効果はさらに上がります。対話が行き詰まることは必ずしも悪いことばかりではありません。その「行き詰まり感」ですらも，ストラテジック・リスニング上達への貴重な糧となるのです。

モニターの自己評価については中・高学年ほど難しい内容を求めていません。自分の事で精一杯になりがちな低学年の子ども達ですので，発達段階的にもメタ認知を働かせたようなきき方を求める必要はないと考えています。しかし，先に述べたように「お話の中身がわかった！」「色丸を付けながらお話が聞けた！」といった満足感は大切にしてあげたいと思います。低学年の子ども達にとっても，「きいて」いることを楽しめるような前向きな声かけを心がけていきたいところです。

トークタイムカードB

リスナー　　組　名前（　　　　　　）

・友達との話を楽しめましたか。（◎・○・△）
・まだまだお話を聞いてみたいと思いましたか。（◎・○・△）
・友達に聞こえる声でお話ができましたか。（◎・○・△）
・友達に質問することはできましたか。（◎・○・△）
・質問して友達の考えがよくわかりましたか。（◎・○・△）

リスナー　　組　名前（　　　　　　）

・友達との話を楽しめましたか。（◎・○・△）
・まだまだお話を聞いてみたいと思いましたか。（◎・○・△）
・友達に聞こえる声でお話ができましたか。（◎・○・△）
・友達に質問することはできましたか。（◎・○・△）
・質問して友達の考えがよくわかりましたか。（◎・○・△）

モニター　　組　名前（　　　　　　）

・お話のなかみはわかりましたか。（◎・○・△）
・お話を聞いて色丸をつけられましたか。（◎・○・△）
・つぎのトークタイムでがんばりたいことを考えられましたか。（◎・○・△）

7 中学年用 トークタイムカードA

本著執筆のために新たに考案した中学年のトークタイムは４人で行います。３人がリスナー，モニターは１人です。高学年になるとモニターが２人となり，より分析的に自分たちのきき方を考えることができます。４人という人数は，そのための準備期間としての位置付けでもあります。低学年用との一番の違いは応じることができた時，色丸をぬりつぶすという作業が加わることです。中学年のトークタイムで大切にしたいことは３人での対話ということです。昔から「三人寄れば文殊の知恵」と言いますが，３人という人数は深い意味があると思います。日々の対話の中で結論を導かないといけないような場面を想像してください。２人で考えをきき合うと，対立的な構図となってしまうこともありますよね。そこに１人加わるだけで，客観的な視点が加わります。「Ａ君の言いたいこともわかる。Ｂさんの言いたいこともわかる。ぼく（Ｃ君）としては…。」という意見が表明されることで，グループでの意思決定が平行線ではなくなってきます。対話内容に客観性を担保するという意味でも，意思決定を前に進めるという意味でも，３人でのトークタイムに習熟することは効果的なのです。

また，低学年の子ども達と違い中学年にもなってくると子ども達は徐々に周りが見え始めてきます。自分のことを中心に考えることが多い幼児期や低学年期から，少しずつ「周りの人はどう考えているのか」という思考ができ始めます。これは非常に大切なことであり，メタ認知の成長期とも言えるでしょう。反対にこの時期にメタ認知が育っていないと，高学年になると人間関係でのトラブルが増えてしまいます。「自分はそういうつもりじゃなかった！」という一点張りで，もめ事を引き起こしてしまうことも少なくありません。発達段階の面から考えても，中学年で客観的なものの見方に足を踏み入れることは大切です。トークタイムの中でも，子ども達が柔軟に第三者の意見を検討したり受け入れていたりする場面に出くわした時には，しっかりと価値付けてあげましょう。

トークタイムカードA　モニター（　　　　　　）さん

テーマ【　　　　　　　　　　　　　　　　】

リスナーA（　　　　　　　）さん

リスナーB（　　　　　　　）さん

リスナーC（　　　　　　　）さん

トークタイムのふりかえり

次のトークタイムでがんばりたいこと

8 中学年用 トークタイムカードＢ

中学年用トークタイムカードＢは，低学年用トークタイムカードＢを少し発展させたものです。振り返りの視点を個別に見ていくと，「最後まで興味をもって話を聞くことができましたか。」と問うています。低学年では，「お話を楽しめましたか。」という問いですので，少し違っていますね。低学年とは違い，中学年では必ずしも話し合うことが楽しいテーマばかりではないということを意識しています。例えば，第２章で中学年の年間計画例をお示ししましたが，そこでも述べましたように，係活動などの創造的な活動に意欲的に取り組む傾向がある中学年です。ただし，そのような創造的な活動には，責任がつきものだと考えています。「好きなことはする。嫌なことはしない。」では，単なるわがままですよね。なので年間計画例には「係活動の成果と課題」をテーマと設定したのです。「課題」をきき合うことは，子ども達にとって必ずしも楽しい時間ではありません。ですが，そんな自分にとって「耳の痛い」内容でもしっかりと正対できる大人になってほしい。そのためにはどんな内容でも「興味をもって聞く」という力が必要不可欠なのです。

低学年用から変えていない項目もあります。「友達に聞こえる声で話ができましたか。」です。大人になっても，会議の場で相手が聞き取れる声で話すことは鉄則です。せめて中学年ごろまでは，しっかりと大きな声で話すということを意識付けたいと思います。高学年になると，恥ずかしさも出てきたりするのであえて振り返りの項目にはしていませんが，授業場面などであまりにも声が小さい子どもには声をかける必要があります。話し手は相手に伝えるということを意識して話すこと，聞き手はどんな小さな声でも聞き取ってあげようということを意識してきくこと，両者の意識の高まりが重要です。

また，「上手だと思うリスナー」について考える項目もあります。ストラテジック・リスニングは，客観的に対話の場を捉える意識が必要不可欠です。そのような意識を育むためにも，話の「内容」を評価するだけにとどまらない，「きく」という行為全体を考える広い視野を育むきっかけとなる項目です。

トークタイムカードB　　／

リスナーA　　名前（　　　　　　）

- 最後まで興味をもって話を聞くことができましたか。（◎・○・△）
- 友達に聞こえる声で話ができましたか。（◎・○・△）
- 友達に質問することはできましたか。（◎・○・△）
- 質問することで友達の考えがよくわかりましたか。（◎・○・△）

リスナーB　　名前（　　　　　　）

- 最後まで興味をもって話を聞くことができましたか。（◎・○・△）
- 友達に聞こえる声で話ができましたか。（◎・○・△）
- 友達に質問することはできましたか。（◎・○・△）
- 質問することで友達の考えがよくわかりましたか。（◎・○・△）

リスナーC　　名前（　　　　　　）

- 最後まで興味をもって話を聞くことができましたか。（◎・○・△）
- 友達に聞こえる声で話ができましたか。（◎・○・△）
- 友達に質問することはできましたか。（◎・○・△）
- 質問することで友達の考えがよくわかりましたか。（◎・○・△）

モニター　　名前（　　　　　　）

- 話の中身は理解できましたか。（◎・○・△）
- 話を聞いて色丸をつけられましたか。（◎・○・△）
- 次のトークタイムでがんばりたいことを考えられましたか。（◎・○・△）
- 上手だと思うリスナーを見つけることができましたか。（◎・○・△）

9 高学年用 トークタイムカードA

高学年のトークタイムは，計５人で行います。人数が増えた分，話し合う内容の広がりや深まりが生み出せたり，ストラテジック・リスニングの上達に向けたより多面的な分析ができたりします。高学年用のトークタイムカードでは，色丸を付ける四角の枠を減らしています。高学年になるにつれて「引き出し言葉をいくつ使えたか」という「量」に対する意識よりも，「的確なタイミングで引き出し言葉を使えたか」「引き出し言葉に対してきちんと対応できたか」という「質」に対する意識に切り替えてほしいからです。また高学年にもなると１回の発話量が長くなる傾向があります。そのためそれほどたくさんの色丸の枠が必要にならないのです。

トークタイムカードAは，モニターAの子どもが記入します。モニターAの子どもの役割は大きく分けて２つです。

①対話をきいて色丸をワークシートに記入すること。

②トークタイムの振り返りの場をコーディネートすること。

①については，中学年と方法は同じなので説明を省きます。②については，グループの中でストラテジック・リスニングの上達に向けた気付きを明らかにするという重要な役割となります。ストラテジック・リスニングは，考えを引き出し合いながらグループで力を合わせて意見を生み出したり，意見を再構成したりすることを目的としますので，そのために「どうきけばよいか」という知見を，子ども達の実感を伴って積み上げていく必要があります。「考えをみんなで創り出すために必要な態度とはどのようなものか」「価値のある質問とはどのようなものか」など，今しがた話し合ったトークタイムでの自分たちの音声表現を教材として，共有を深めていくことが求められます。また，教師が近くでトークタイムのやり取りをきいていた場合は，低学年と同じく「どうしてあの質問をしようと思ったの？」「あの時答えに困っていたのはどうして？」と，ストラテジック・リスニングにつながる学びを生み出せるような関わりを行うことも大切です。

トークタイムカードA

テーマ

モニターA（　　　　　　　）モニターB（　　　　　　　）

リスナーA（　　　　　　）さん

リスナーB（　　　　　　）さん

リスナーC（　　　　　　）さん

トークタイムの感想

次に向けて自分達がこれから話す時に気を付けたいこと

進め方

①トークタイム
②感想の交流
③次に向けて
④トークタイムカードCの記入
⑤カード提出

10 高学年用 トークタイムカードＢ

トークタイムカードＢは，トークタイムを行ったメンバー全員による自己評価です。自己評価を子どもに求めるうえで大切にしていることは「簡単かつ効果的」であることです。自己評価の項目を見ていただいてわかるように，１人につき３項目の振り返りです。ただし，このわずか３つの項目がストラテジック・リスニングの上達につながる振り返りの「呼び水」となります。◎と○と△で，自分のトークタイムを評価しないといけないので，そこには少なくとも評価を下すだけの根拠が必要になります。その根拠こそストラテジック・リスニング上達に向けた大事なポイントです。

Ａ：話し合いの途中から内容がわからんくなったから１つ目は三角。
Ｂ：どこからわからんくなったん？
Ａ：Ｃさんが理由言ったとこから…。
Ｄ：（自分が書いたメモを示して）このへん？
Ｃ：私が言いたかったのは◇◇◇◇ってことやってんけど…。
Ａ：そういうことか。今わかった！
Ｃ：わかってるか確認しながら話したらよかったわ。
Ｅ：わからんかったらその時に言い直してもらうようにお願いしよ！

これは振り返りの内容の一部ですが，お互いの自己評価の根拠を話し合うことで，ストラテジック・リスニングにつながる大切なポイント（下線）を学ぶことができるのです。

トークタイムカードＢにはもう１つ工夫を忍ばせています。それは記入者の欄の下にある星印の箇所です。ここには各自がトークタイムの中で「一番上手にきけていた人」の名前を記入します。もちろんその根拠を語り合いながら。そうすることでメンバーのきき方に意識を向けながら，トークタイムを行うことがあります。トークタイムの中でストラテジック・リスニングの上達に向けて「きく」意識がどんどん活性化されていくことにつながるのです。

トークタイムカードB

／

記入者（　　　　　　）　★　　　　　　さん

・話し合いの中で友達の考えが分かりましたか。（◎・○・△）

・質問で自分の考えを広げたり深めたりできましたか。（◎・○・△）

・質問しながら相手の考えを引き出すことができましたか。（◎・○・△）

記入者（　　　　　　）　★　　　　　　さん

・話し合いの中で友達の考えが分かりましたか。（◎・○・△）

・質問で自分の考えを広げたり深めたりできましたか。（◎・○・△）

・質問しながら相手の考えを引き出すことができましたか。（◎・○・△）

記入者（　　　　　　）　★　　　　　　さん

・話し合いの中で友達の考えが分かりましたか。（◎・○・△）

・質問で自分の考えを広げたり深めたりできましたか。（◎・○・△）

・質問しながら相手の考えを引き出すことができましたか。（◎・○・△）

記入者（　　　　　　）　★　　　　　　さん

・話し合いの中で友達の考えが分かりましたか。（◎・○・△）

・質問で自分の考えを広げたり深めたりできましたか。（◎・○・△）

・質問しながら相手の考えを引き出すことができましたか。（◎・○・△）

記入者（　　　　　　）　★　　　　　　さん

・話し合いの中で友達の考えが分かりましたか。（◎・○・△）

・質問で自分の考えを広げたり深めたりできましたか。（◎・○・△）

・質問しながら相手の考えを引き出すことができましたか。（◎・○・△）

11 高学年用 トークタイムカードC

トークタイムカードCは，モニターBの子どもが記入します。主に話し合っている内容のメモを取ることが大きな役割です。高学年ともなると，メモを取る能力の差が歴然としてきます。手際よく要点を関係づけながらまとめるような大人顔負けのメモを取る子どももいれば，箇条書きで発言内容を羅列したりするメモにとどまる子どももいます。「ぜんぜん追いつけない！」と鉛筆を投げ出す子どもさえいます。メモを取る力は，日常生活と大きく結びついています。また，メモを見ればその子がどのように話を受け止めていたかもわかります。メモを取る力は「きくこと」の能力の基盤となります。毎回のトークタイムでメモを取りながら参加することで，年間を通してメモを取る学習の機会を保障することができます。トークタイム終了後，毎回トークタイムカードを回収しますが，工夫がみられるメモをコピーしておいて後日子ども達に提示することで，「生きた教材」を生み出すことができます。メモを取った本人に，そのメモの解説をお願いすることもできます。そうなるとメモを取ったモニターBの子どもは鼻高々です。「次もメモを頑張って取ろう！」と「きくこと」がさらに好きになります。解説をきいている子どもも，「あんな風にメモを取ればいいのか。次こそ自分が！」と意欲的にもなります。以前トークタイムをしている動画を撮影している時，モニターBの子どもの手元に照準を合わせて撮影し，すぐ後にみんなで見合ったことがあります。「いつ，どんな言葉に反応して，どう書くのか」たくさんの有益な情報が詰まったクラスオリジナルの教材の出来上がりです。

加えて，モニターBの子どもが取ったメモを基にトークタイムを振り返ることで，実際にグループで生み出された言葉を生かして振り返ることができます。想像で語り合うだけの「よいきき方」ではなく，より実感を伴って「よいきき方」を振り返ることができるでしょう。「叙述を基に考えを持ちましょう。」とは，読みの指導でよく耳にする言葉ですが，それと同じことがストラテジック・リスニングにも言えるのです。

トークタイムカードC　組　番（　　　　　　　）

テーマ

内容のメモ

感想の話し合いメモ

次に向けての話し合いメモ

あとがき
Afterword

　自慢ではありませんが，私は「失敗の多い教師」です。数ある「失敗」の中で，今でも思い出すたびに胸が苦しくなるものがあります。その中の１つ，６年生を担任したある年の卒業式のことでした。１年間，泣いて笑って怒って，精一杯ぶつかり合って共に成長してきた子ども達の晴れの舞台，卒業式。私はとにかく気合が入っていました。「この子たちの小学校生活最後の行事，何が何でもかっこいい姿で送り出したい！」と意気込んでいました。
　卒業式の練習が始まり，恒例の呼びかけの練習をしている時でした。私のクラスには人前で話すのが極端に苦手なＡという女の子がいました。私は万が一，本番でＡが呼びかけの言葉を言えなくなった時のことを考えて，普段から仲良しの女の子にＡの周りに立ってもらっていました。そうすればＡが困ってもフォローしてくれると思っていたのです。それほどＡは話すのが苦手な子どもでした。
「目線は前！」「ふらふらしてると最高学年としてかっこ悪い！」と私は檄を飛ばしながら，呼びかけを見守っていました。いえ，今思うと見守っていたなんてものではなく，ただ「よい式にしたい！」という私自身の思いに引きずられていただけかもしれません。Ａが呼びかけをする番になりました。なんと，あのＡが勇気を振り絞って自分の担当する言葉を１人で言いきったのです。次第に熱を帯びていく体育館の雰囲気や，周りの友達の頑張りにＡは背中を押されたのでしょう。しかし，その時私はどうしていたかというと，子ども達の呼びかけの順番を目で追うのに必死で，Ａの精一杯の頑張りに気が付いていなかったのです。
「あほ！　何でＡが頑張ったのにほめてやれへんかってん！　言い終わった後，Ａはあんたのこと見てたんやで！」大ベテランの女性の先生に，練習が終わった後で怒られました。その時は何が起こったのかわかりませんでしたが，落ち着いて考えると私はとんでもない失敗を犯してしまったことに気が付きました。Aは精一杯の勇気を振り絞った後に，その勇気を認めてほしくて指揮をしている私を期待のまなざしで見ていたのです。そんなことにも気付かず私は自分のことに精一杯でした。あの時「Aすごい！　よく頑張った！」この一言が言えていたなら，Aは自分を伝えることに対して自信が持て，あの日をきっかけにもっと成長できたかもしれません。「子どもを見守る」「子どもの声を聴く」とはまるで程遠い姿です。あの日の失敗が，私は今でも忘れられません。私が見てあげられなかったあの日のAのまなざしを想像しながら，「子どもの声をしっかりと受け止めてあげられる教師になろう」と，今も強く思います。ストラテジック・リスニングは「きくことのできなかった」私の後悔と，それに報いるための努力の結晶とも言えそうです。

「きくこと」への追究はこれからも私のライフワークです。今後は学習者の「訊く」姿に焦点を当てつつ，質問生成のプロセスや，発達段階を踏まえた具体的な指導内容の精緻化を図り，「ストラテジック・リスニング」の理論深化を目指します。読者の皆様にも本研究に対し，忌憚のないご意見とご指導をいただきながら，さらなる発展に努めていきたいと考えております。

最後に，本書がこのような形で読者の皆様の手にお届けできたのは，明治図書出版，とりわけ構成の相談，編集に至るまで細やかにご対応いただいた，木山麻衣子編集部長のご尽力のおかげです。初めての単著執筆ということで，全く何もわかっていない私に丁寧にご助言くださいましたこと，深く感謝申し上げます。そして何より，このように「きく」という私の研究をまとめることができたのは，教師生活９年間の中で出会うことができた子ども達のおかげです。

「あなたたちに出会えたことが，先生の人生の中でなによりの宝物です。ありがとう。そしてこれからもよろしく。」

2020年６月　友永達也

【著者紹介】

友永　達也（ともなが　たつや）

1988年兵庫県出身。京都教育大学教育学部卒業。

兵庫県尼崎市立水堂小学校教諭を経て，現在，神戸大学附属小学校教諭。

日本国語教育学会会員。国語教育実践理論研究会会員。教育目標・評価学会会員。

著書に『国語教育選書　対話的に学び「きく」力が育つ国語の授業』（分担執筆），『国語教育選書「感性的思考」と「論理的思考」を生かした「ことばを磨き考え合う」授業づくり』（分担執筆）（以上，明治図書）がある。

国語科授業サポートBOOKS

１回10分！トークタイムできく力を育てる
ストラテジック・リスニング

2020年７月初版第１刷刊　ⓒ著　者　友　永　達　也

発行者　藤　原　光　政

発行所　明治図書出版株式会社

http://www.meijitosho.co.jp

（企画）木山麻衣子（校正）吉田　茜

〒114-0023　東京都北区滝野川7-46-1

振替00160-5-151318　電話03(5907)6702

ご注文窓口　電話03(5907)6668

＊検印省略　　組版所　日本ハイコム株式会社

Printed in Japan　　ISBN978-4-18-304347-4